SO TREFFEN SIE IHREN SCHUTZENGEL

Begegnung mit dem inneren Lehrer

Jörg André Zimmermann

SILBERSCHNUR

ISBN 978-3-89845-175-8

1. Auflage 2007
2. Auflage 2007

Gestaltung & Satz: XPresentation, Boppard
Druck: Finidr, s.r.o. Cesky Tesin, Tschech. Rep.

Verlag "Die Silberschnur" GmbH • Steinstraße 1 • D-56593 Güllesheim
www.silberschnur.de
Email: info@silberschnur.de

Meinen Freunden gewidmet.

INHALT

Vorwort 9

1. KAPITEL

Drei Methoden, Ihren Schutzengel zu treffen . . . 15

Der Traum 17

Die Kontemplation 35

Der innere Dialog 48

2. KAPITEL

Vom Engel lernen 64

3. KAPITEL

Das Ego und der Verstand 91

4. KAPITEL

Ein Leben wie ein Traum 102

Nachwort 115

Vorwort

"Was machst du jetzt?", fragte mich mein Freund. "Ich geh mich langweilen", antwortete ich ihm. - "Ich mache mit, wenn du mir zeigst, wie es geht."

Wir setzten uns in eine Nische unter einer Anrichte, und ich zeigte ihm, wie das Langweilen geht: ruhig im Schneidersitz da sitzen, Backen aufplustern, Arme so verschränken, dass man mit den Fingerspitzen auf den Bizeps klopfen kann, und dann regelmäßig darauf trommeln. Sofort verfiel ich in einen sanften Zustand des Schwebens, fühlte mich umgeben von Wärme und war eins mit mir und der Welt. Oft spielte ich im Kindergarten Langweilen, und ich war mir selbst genug. Damals war ich vier oder fünf Jahre alt.

Drei Jahre später war ich groß. Ich ging gerade von der Grundschule nach Hause, als mir eine Eingebung riet, vom direkten Weg abzuweichen und auf dem Rasenstück immer im Kreis zu laufen. Mit halb geschlossenen Augen lief ich dort im Kreis herum und unterhielt mich mit einem unsichtbaren Mann. Er erzählte mir viele wundervolle Dinge, von denen ich die meisten sofort wieder vergaß. Aber eine halbe Stunde später wusste ich, dass ich Jesus begegnen würde - irgendwann, wenn ich erwachsen wäre. Dass Jesus schon tot war, spielte ausdrücklich keine Rolle. Ich würde ihn treffen. Recht bald.

Der augenblickliche Zustand der Wärme und Geborgenheit damals war eine Reise in eine andere Welt. Mein Gesprächspartner auf dem Rasenstück war ein Besucher aus einer anderen Welt. Jesus zu begegnen war sein Versprechen.

Dies ist kein christliches Buch, denn ich bin nicht unbedingt ein Christ. Als kleiner Junge kannte ich genau eine spirituelle Größe mit Namen - Jesus. Jenen unsichtbaren Besucher kannte ich auch, aber seine Präsenz war mir so vertraut, dass ich weder fragte, woher er kam noch wie sein Name war. Er war einfach da.

Heute weiß ich, dass es viele spirituelle Lehrer gibt - im Inneren wie im Äußeren, aber vor allem im Inneren. Es sind unsere Schutzengel. Jeder Mensch hat einen Schutzengel, einen spirituellen Lehrer an seiner Seite. Für manche mag dies Jesus sein. Mein Schutzengel sprach der Einfachheit halber von Jesus, doch er meinte einen seiner Art, einen selbstlosen spirituellen Führer.

Solch ein selbstloser spiritueller Führer ist ein Schutzengel. Er ist immer bei seinem Schützling, von Anfang an. Im Kindergarten hat er mir eingegeben, wie man meditiert. Mit acht hat er mir Dinge der höheren Wirklichkeit erzählt, während ich voller Spannung über den Rasen lief und gebannt nach innen lauschte. Heute spricht er mich über meine Schulter hinweg an, macht ab und zu einen Witz und vermittelt mir ein Gefühl der Liebe, das unbeschreiblich ist. Er zeigt sich, wenn ich nach ihm rufe und lenkt sorgsam meine Schritte, auch wenn ich gerade nicht an ihn denke.

Dies ist der Zauber, der in der Präsenz eines Schutzengels liegt.

- Es gibt ihn tatsächlich, den Schutzengel. Hatten Sie Erfahrungen mit ihm? Die Erfahrungen sind wahr.
- Der Schutzengel hat (meistens) keine Flügel, und er ist auch nicht ausschließlich für Ihren Schutz da. Er ist ein innerer Lehrer.
- Sie können Ihren Schutzengel aufsuchen. Sie können mit ihm sprechen - und die Gespräche sind real. Er ist immer für Sie da.
- Der Schutzengel ist eine erleuchtete Seele. Seine Heimat liegt im Fernen Land jenseits dieser Welt. Dieses Ferne Land ist jedoch nicht so fern, Sie gehen jede Nacht dorthin auf Traumreise, ob Sie sich erinnern oder nicht.
- Sie können auch im Wachen, ganz bewusst, dorthin gehen.
- Auch wenn Sie ein ganz bodenständiger Mensch sind, können Sie Ihren Schutzengel treffen.
- Ihr Schutzengel öffnet Ihnen die Türen zu einer neuen Welt.

Möge dieses Buch Sie näher zu Ihrem Schutzengel bringen. Die Freundschaft mit ihm ist so kostbar wie das Leben selbst.

Unsere Schutzengel haben in der Regel keine Flügel, und sie sind auch nicht ausschließlich zu unserem Schutz da. Vor zweitausend Jahren trugen sie vielleicht weiße Tuniken und Sandalen. Heute dagegen können Sie uns in Shirt und Jeans oder im Anzug erscheinen. Die Flügel auf Gemälden sind lediglich ein Symbol für die freie Seele, die kommen und gehen kann, wie es ihr beliebt - ähnlich wie das Symbol des Heiligenscheins, der ein leuchtendes inneres Wesen symbolisiert.

Ein Schutzengel ist ein Wesen aus einer anderen Welt. Er ist eine Seele, die zu ihrer Zeit auf der Erde lebte und ganz ähnliche Prüfungen durchgemacht hat wie Sie sie heute durchlaufen müssen. Als die Menschen noch Tuniken und Sandalen trugen, hat Ihr Freund vielleicht gerade als einfacher Arbeiter ein ganz irdisches Leben geführt. Aber seine Liebe zum Leben machte ihn besonders. Sein Schutzengel bildete ihn aus. Und als er nach einem erfüllten Leben starb, bekam er im Fernen Land den Auftrag angeboten, heute Sie zu führen und auszubilden. Das ist etwas vereinfacht dargestellt, denn solch eine Ausbildung dauert viele Leben, aber im Wesentlichen trifft es den Kern. Sie finden mehr darüber in Michael Newtons Buch "Die Reisen der Seele".

"Schutzengel" ist zudem ein für seine Aufgabe unpassendes Wort. Es müsste eher "innerer Lehrer" heißen. Doch vermutlich weil viele Menschen sein Eingreifen nur in gefährlichen Situationen wahrnehmen, hat er in unserer Kultur den Namen Schutzengel bekommen. Sie können sich an ihn wenden, wenn Sie Angst haben oder einen Rat benötigen, wenn Sie grundlegend frei sein möchten oder Ihrem Leben einen tieferen Sinn geben möchten - und natürlich wenn Sie in Not sind. Rufen Sie seinen Namen, oder denken Sie an ihn - und er wird bei Ihnen sein.

1. Kapitel
Drei Methoden, Ihren Schutzengel zu treffen

Ihr Schutzengel ist nicht von dieser Welt. Er ist auch meistens nicht mehr auf dieser Erde als Mensch verkörpert. Er stammt aus dem unermesslich großen Land, das jenseits unserer physischen Wahrnehmung existiert und über das wir nur sehr wenig wissen.

Es ist das Land der Ideen, Eingebungen, Träume, Phantasien ... Ihre Intuition ist dort zu Hause und natürlich auch Ihr Schutzengel. Auf jene ätherische, zarte Welt müssen Sie sich einlassen, wenn Sie Ihren Schutzengel treffen möchten.

Wissen Sie, womit der moderne westliche Mensch dieser Wunderwelt den Todesstoß versetzt hat? Durch Nicht-Glauben. Menschen erleben jede Nacht das Wunder des Träumens - und tun es als elektrische Entladung des Gehirns ab. Sie erleben das Wunder der Liebe - und sprechen von Hormonen. Sie hören von außerkörperlichen Erfahrungen - und sprechen von Einbildung.

Natürlich ist diese Welt nicht wirklich tot. Die Türen zu ihr sind nur mangels Benutzung eingerostet. Ich möchte Ihnen drei Türen zeigen, durch die Sie wieder zu Ihrem Schutzengel gelangen können. Jede ist gleich gut, wählen Sie einfach diejenige, durch die Ihnen der Durchgang am leichtesten fällt - oder auch alle drei. Je nachdem, wie oft Sie diese Türen in der Vergangenheit benutzt haben, müssen Sie mehr oder weniger üben, um sie zu öffnen.

Die Türen sind:

- der Traum
- die Kontemplation
- der innere Dialog

Der Traum

Ihr Schutzengel, der ja ein innerer Lehrer ist, benutzt den Traum, um Ihnen etwas zu sagen. Je nach Lebenssituation kann diese Botschaft "down to earth" oder "up to heaven" sein - er kann Ihnen zeigen, dass Sie ein unsterbliches, göttliches Wesen sind oder dass Sie auf Industriezucker verzichten sollten, weil er Ihrem Körper nicht gut tut. Und schließlich kann Ihr Schutzengel Ihren Traum dazu benutzen, sich dort mit Ihnen zu treffen. Sie sehen ihn dann von Angesicht zu Angesicht. Solch ein Erlebnis kann als vager Schemen oder als glasklare Erinnerung von bestechender Realität in Ihrem Gedächtnis bleiben.

Es lohnt sich daher wirklich, Ihre Träume zu studieren, denn sie bringen Sie näher zu Ihrem Schutzengel.

Handwerkszeug für ein professionelles Traumstudium:

Kaufen Sie sich ein paar liniierte Schulhefte in DINA4 (die großen). Dazu zwei Kugelschreiber mit guten Minen und eine ganz kleine Taschenlampe (gibt es im Kaufhaus für wenige Euro).

Es soll Ihnen Spaß machen, Ihre Träume aufzuschreiben und später wieder durchzusehen, darum rate ich von Loseblatt-Sammlungen ab. Aber es soll auch einfach sein. Wenn Sie mitten in der Nacht aufwachen und kaum die Augen öffnen können, möchten Sie vielleicht nicht das edle Traumbuch mit Goldborte verunzieren, indem Sie zusammenhanglose Sätze hineinkrakeln. Darum sind die großformatigen Schulhefte am besten geeignet.

Legen Sie das Heft direkt neben Ihr Bett. Auch die Taschenlampe und die zwei Kugelschreiber sollten direkt in Reichweite liegen. Wenn Sie am Abend das Licht ausknipsen, denken Sie an Ihren Schutzengel. Visualisieren Sie sein Gesicht oder seine Gestalt oder was er Ihnen beibringen könnte. Auch wenn Ihnen das nicht ganz gelingt, sprechen Sie ihn an. Sagen Sie zum Beispiel: "Schutzengel, nimm mich mit ins Ferne Land. Zeige mir etwas Besonderes." Zu sich selbst sagen Sie: "Ich will mich an meine Träume erinnern."

Dann schlafen Sie ein. Die Zeit des Hinüberdämmerns nenne ich den Halbschlaf. Ich komme gleich unten auf ihn zurück. Wenn Sie tief schlafen, stellen sich Ihre Träume ein. Normalerweise wacht man nach jedem Traum kurz auf. Drehen Sie sich dann sofort um zu Ihrem Traumheft und dem Kugelschreiber, und schreiben Sie den Traum auf.

Die folgenden Tipps und Beispiele können Ihnen helfen:

Beginnen Sie mit den einschneidenden Sätzen zuerst, auch wenn sie der Schluss Ihres Traumes sind.

Zum Beispiel: "Nie wieder mit der Spitze zuerst! Was das alles anrichten kann!" Und dann schreiben Sie das Drumherum - Ihre Erkenntnis haben Sie sich schon mal gesichert.

Schreiben Sie im Präsens:

"Ich esse einen Salat" statt "Ich träumte, ich würde gerade einen Salat essen".

Schreiben Sie alles auf, aber vor allem das, was Sie irgendwie berührt. Es muss beim Aufschreiben keinen Sinn ergeben!

Viele scheitern beim Traumstudium daran, dass Sie beim Aufschreiben keinen Sinn erkennen. Sie schreiben dann nichts auf. Aber die Sprache des Traumes erschließt sich Ihnen schnell, wenn Sie einfach nur zuhören und alles ernst nehmen.

Erfinden Sie schnell eine Überschrift

Es ist 3.30 Uhr in der Nacht. Halb im Delirium kritzeln Sie Ihren Traum hin - der ideale Zustand, seine Bedeutung einzufangen. Darum schreiben Sie eine Überschrift darüber - ganz schnell, ohne nachzudenken. Oder schreiben Sie etwas darunter. Es kann so wirr wie Ihr Traum sein - es ist ein Assoziationsspiel, und im Halbschlaf funktioniert es am besten.

Ein Beispiel für eine Überschrift oder ein Ansatz zur Traumdeutung wäre:

"Kritik nicht schlucken!!"

Alles aufschreiben

Nichts, vor allem das Absonderliche, ist unwichtig. Nichts ist albern. Wenn Ihr Chef in Ihrem Traum sich dauernd in Ihren Vater und wieder zurückverwandelt, schreiben Sie *Dann kommt Chef (Papa) und sagt: "..."* Wenn Ihnen ein Ausspruch wortgetreu im Gedächtnis verbleibt, schreiben Sie ihn auf. Sinnsprüche - auch wenn sie in dieser Welt banal klingen - sollten Sie ebenfalls aufschreiben. Vor allem aber müssen Sie das aufschreiben, von dem Sie meinen: "Das vergesse ich nie. Morgen früh weiß ich es noch." Sie werden sich am Morgen nur erinnern, dass da ein toller Traum war. Aber alle Details - die Lösungsansätze für die Deutung - werden verloren sein.

Nicht ausformulieren

Sie schreiben nur für sich. Es genügt vollkommen zu schreiben: "Esse Salat, da ... " statt "Ich esse gerade einen Salat, als... " Wenn Sie es schaffen, in einer oder zwei Minuten fertig zu sein und wieder einzuschlafen, werden Sie öfter bereit sein, Ihre Träume aufzuschreiben.

Ich notiere auf diese Weise bis zu 5 Träume pro Nacht und verliere nur wenige Minuten Schlaf. Am Morgen schaue ich die wichtigsten durch und bespreche die allerwichtigsten mit meiner Partnerin. Der oben zerpflückte Beispieltraum spielte sich übrigens so ab:

Ich bin zu Hause und esse einen Salat. Auf einem Blatt liegt eine Stecknadel, so wie sie in Oberhemdenpackungen verwendet wird. Das ist gefährlich in einem Salat! Um zukünftige Esser zu schützen, will ich die Nadel entschärfen. Ich beiße die Spitze ab und schlucke sie hinunter. O je! Jetzt erst wird mir klar, was sie in meinem Inneren alles verletzen kann, bis ich sie wieder ausscheide.

Meine Überschrift lautete "Kritik!"

Die Deutung war einfach: Ich nehme Kritik tief in mich auf, anstatt sie gedanklich einfach zu löschen – symbolisch: die Nadel wegzuwerfen. Dieser Traum hilft mir, wann immer ich in eine entsprechende Situation komme, besser zu reagieren. In der Symbolik liegt viel Kraft.

Erinnern Sie sich an Ihre Träume?

Jeder Mensch träumt. Sie können gar nicht *nicht träumen*. Es wäre wie *nicht existieren*, wozu Sie ja zeit Ihres Lebens auch nicht in der Lage sind.

Die Menschen, die von sich behaupten, selten oder nie zu träumen, haben ihre Traumerinnerung nur nicht trainiert. Und wie trainiert man sie? Schenken Sie Ihren Träumen Ihr Herz. Sie brauchen Ihre Liebe und Aufmerksamkeit, und sehr bald erleben Sie nachts nicht nur Geschichten, was alleine schon traumhaft schön ist, sondern Sie bekommen ein zweites Leben geschenkt.

Wenn Sie lernen möchten, sich an Ihre Träume zu erinnern, beginnen Sie mit einem Mittagsschlaf. Die Erinnerung ist am besten, wenn Sie müßig, aber nicht zu müde sind. Legen Sie sich hin, und sagen Sie sich: "Ich möchte mich daran erinnern, was ich träume."

Legen Sie ein Schulheft und einen Stift neben Ihr Bett. Wann immer Sie wach werden, drehen Sie sich als Erstes zu Ihrem Traumheft um, und schreiben Sie alles auf, an was Sie sich entsinnen können. Es genügen einige Worte. Vielleicht erinnern Sie sich an eine Szene, einen Satz oder gleich an eine kleine Episode.

Schreiben Sie es auf. Die wertvollsten Perlen verstecken sich im Gewand scheinbarer Sinnlosigkeit. "Wirres Zeug" träumt jeder, aber tun Sie es nicht als solches ab, sondern schreiben Sie es auf. Je mehr Sie Ihre Träume streicheln, desto mehr Vertrauen erhalten Sie zurück. Am Ende bekommen Sie die geheimen Orte zu sehen, weil Sie lange genug bewiesen haben, dass Sie alles zu schätzen wissen, was Ihre Träume Ihnen zeigen.

Übung: Legen Sie sich mittags hin - und träumen Sie. Schreiben Sie danach alles auf - auch das, was belanglos erscheint. Das Traumheft muss mit Kugelschreiber direkt neben oder in Ihrem Bett liegen. Es geht in dieser Übung darum, die Träume wieder anzulocken - genau so, wie Sie etwa eine scheue Katze zu sich locken würden.

Mit diesem Traum wurde ich nach drei Tagen "Erinnerungstraining" belohnt:

Dschungel

Ein tropischer Regenwald. Wunderschöne Bäume und Pflanzen, dicke, von Feuchtigkeit schwere Luft. Von überall hört man es zirpen, quieken und rufen. Insekten brummen herum. Ich sehe einen wundervollen Vogel. "Paradiesvogel" kommt mir in den Sinn. Er legt zwei Eier. Wie in Zeitraffer schlüpfen die Jungen und werden selbst groß. Der Muttervogel legt weiter seine Eier, und auch die Jungen bauen nun Nester und legen ihrerseits Eier. Bald müssen aus einem wohl Hunderttausende geworden sein.

Über die etwas umständlichen Deutungsmethoden, die ich damals verwendete, erkannte ich: Der Dschungel, der der Inbegriff des Lebens selbst schien, war der Reichtum der spirituellen Welt (meiner inneren Welt). Der Vogel symbolisierte meine Spiritualität oder, näher an meinem damals heißesten Wunsch, meine Fähigkeit, Träume zu deuten.

Mit jedem verstandenen Traum stieg sozusagen ein Paradiesvogel auf, der einerseits diese Welt noch schöner machte und andererseits wiederum für zwei weitere Glück bringende Träume (oder Paradiesvögel) sorgte. Im Ergebnis versprach dieser Traum einen exponentiell wachsenden spirituellen Reichtum in meinem Leben. Und wenn ich heute, viele Jahre später, zurückblicke, hat er sein Versprechen gehalten.

Wie gehen Sie nun bei der Traumdeutung am besten vor? Dazu einige Tipps:

- In den Sekunden nach dem Aufwachen kennen Sie die Bedeutung Ihres Traumes oft sehr genau, denn diese Sekunden sind noch nicht vom zweifelnden Verstand beherrscht. Schreiben Sie gleich den Traum auf, aber darunter auch sofort seine mögliche Bedeutung.

- Stellen Sie sich Fragen zu den Symbolen: Was ist ein Ei? *Ungeborenes, Verheißung.* Was ist Verheißung in meinem Leben, jetzt gerade in diesen Tagen? *Nun, ich möchte Träume deuten lernen. Ich möchte spirituell glücklich werden. Ich möchte meine Traurigkeit überwinden.* Was geschah mit den Eiern? *Aus allen schlüpfte je ein Junges. Alle Jungen wurden groß und legten ihrerseits Eier.* Was wird also aus meinem Wunsch, die Sprache der Träume zu erlernen? *Ich werde mehr und mehr Träume verstehen, aus jedem verstandenen Traum werden zwei neue entsprießen.* Was bedeutet der Urwald für mich? *Leben und Fülle.* Was bedeutet dies für meine Traumdeutung? *Mein Wunsch wird mehr und mehr in Erfüllung gehen, in einer Umgebung, die vor Fülle, Reichtum und Leben nur so strotzt.*

- Suchen Sie stets die positive, lebensbejahende Bedeutung, denn die Botschaft eines Traumes ist immer positiv.

- Vergessen Sie Symbolbücher. Wenn Sie noch nie darüber nachgedacht haben, welche symbolische Bedeutung ein Fink oder ein Bussard haben mag, und vielleicht noch nicht einmal genau wissen, wie die beiden aussehen, hat es dennoch einen Grund, wenn genau dieser Name in Ihrem Traum auftaucht. Was könnte ein Fink sein? Diese Fragen stellen nur Sie selbst sich. Vielleicht liegt die Bedeutung im Wortspiel: Fink = flink. Sie haben den Schlüssel, sonst würden Sie es nicht träumen. Die richtige Deutung Ihrer Symbole ist die, die sich für Sie stimmig und erhebend anfühlt.

- Personen im Traum sind selten die, für die sie stehen. Anhand ihrer Äußerungen, Mimik oder Gestik können Sie herausfinden, wer tatsächlich gemeint ist.

- Natürlich gibt es auch Träume, an denen es nichts zu deuten gibt. Eine Erfahrung in den Traumwelten, die unzensiert in Ihrer Erinnerung bleibt, ist wie ein Abenteuerurlaub im afrikanischen Busch oder eine Bergsteigertour im Himalaja: eine glückliche Erinnerung fürs Leben. In diese Kategorie werden auch die Begegnungen mit Ihrem Schutzengel gehören.

- Die Wissenschaft sagt, der Mensch träume jede Nacht mindestens fünf Träume. Ich kann das bestätigen. Wenn ein Traum zu wirr ist, brauchen Sie nicht jedes Detail zu notieren. Aber in der Regel ist es hilfreich, wenn Sie so viele Details wie möglich niederschreiben, denn in den Details liegen die Schlüssel zur Deutung.

Deuten Sie Ihre Träume

Sie haben nun Ihren Traum notiert und spüren, er enthält eine Botschaft für Sie. Schauen Sie sich jetzt die Details an. Ein Traumbeispiel:

Mit einem guten Freund spiele ich Schach. Wir sind vielleicht 16 Jahre alt. Wir helfen uns gegenseitig, es ist harmonisch und liebevoll. Das Spiel verläuft gut für mich, aber es geht Remis (unentschieden) aus. "Du hättest gewinnen können", sagt er. Er deutet auf die Dame, die ich während des ganzen Spiels nicht bewegt habe.

Bei der Traumdeutung ist es ganz wichtig, dass Sie wissen: Jeder Mensch hat seine eigene Symbolik. Wichtig ist: Was bedeutet es für Sie? Traumsymbollexika helfen daher wie gesagt wenig. Außerdem kann Ihre Symbolik sich im Laufe Ihres Lebens, ja sogar von Traum zu Traum ändern. Das mag zunächst verwirrend klingen, aber es ist im Grunde ganz einfach:

Ich träume	*Ich assoziiere (was mir als Erstes einfällt)*	*Meine Bedeutung*
Mit einem guten Freund spiele ich Schach.	Schach - das Spiel der Könige	Es geht um das Spiel des Lebens, mein Leben.
Wir sind etwa 16 Jahre alt.	Pubertät, Aufbruchstimmung, der Beginn einer neuen Welt (Erwachsenwerden, selbstständig werden)	Ich stehe bei dem, um was es geht, noch am Anfang.
Wir helfen uns gegenseitig. Es ist harmonisch und liebevoll.	Gefühl!	Es ist keine Eile geboten. Ich bin geborgen.
Obwohl ich einen guten Stand habe, endet es nur Remis.	Unentschieden - was ich im Leben wirklich erreichen möchte, ist auch noch nicht entschieden.	ebenso
Ich hatte die Dame das ganze Spiel über in der Reserve gehalten.	Die Dame ist die schlagkräftigste Figur des Spiels.	Ich halte meine größte Fähigkeit zurück, nutze mein Potenzial nicht.

Meine Lebenssituation war die: Ich verdiente mein Geld als Münzhändler, aber es befriedigte mich nicht mehr. Ich wollte Schriftsteller sein, doch dem traute ich nicht - eine brotlose Kunst. Wie jeder ambitionierte Händler setzte ich mir zum Ziel, Millionär zu werden. Aber das Ziel war nicht echt. Der Traum erinnerte mich daran: Wenn es um mein Leben und mein Lebensglück geht, stehe ich noch ganz am Anfang. Ich halte meine stärkste Fähigkeit zurück - das Schreiben.

Sie sehen, dass die Bedeutung der Traumsymbole über die Brücke der Assoziation - "was bedeutet das für mich" - ganz in der Nähe liegt. Es ist kinderleicht. Eine Regel gilt es allerdings zu beachten: Die Bedeutung von Träumen ist immer erhebend. Ein Traum wird Sie nicht tadeln, kritisieren oder schlecht machen. Träume sind nicht zynisch oder vorwurfsvoll. Träume machen einem keine Angst.

Träume können: aufwecken, zum Handeln anregen, zum Abwarten ermahnen, eindringlich sein, einfach nur Liebe und Geborgenheit vermitteln, neue Ideen bringen, unendlich geduldig sein.

Sie finden nur Verständnis und freundliche Ermutigung, niemals Negatives in der Bedeutung Ihrer Träume. Traumbotschaften sind immer aufbauend und erhebend.

Der Halbschlaf

Nun noch ein Wort zum Halbschlaf. Es ist die Phase, in der Sie nicht wirklich schlafen und nicht wirklich wach sind. Diese Phasen treten kurz vor dem Einschlafen auf, kurz vor dem Aufwachen und nachts, wenn Sie Ihre Träume aufschreiben.

Im Halbschlaf liegt die Weisheit der Seele offen vor Ihnen. Sie können sich Problemlösungen herausangeln. Sie können Erfindungen machen. Sie finden hier die Deutung Ihrer Träume. Der Halbschlaf ist ein besonders reicher Boden für jede Form der spirituellen Erkenntnis. Achten Sie auf diesen Zustand, und schreiben Sie auf, wenn Sie in diesem Zustand etwas herausfinden.

Noch ein Tipp zum Aufschreiben Ihrer Träume: Halten Sie Ausschau nach Ihrem Schutzengel. Er erscheint oft in ein und demselben Symbol. Bei mir ist es eine männliche höher gestellte Person (Klassenlehrer, Chef, Firmeninhaber, Arzt, Vater), bei der ich mich bewerbe. In unserer Gesellschaft werden Autoritäten oft angezweifelt, das sollte Sie aber nicht daran hindern, nach einfachen, inneren Symbolen zu suchen. Oft sagt mein Vater etwas im Traum, und ich denke: "Mann, typisch Vater!" Nach dem Aufwachen erkenne ich in den Worten dann einen Tipp meines Schutzengels, der als mein Vater im Traum auftauchte. Hätte ich nur mal besser hingehört ...

Die Kontemplation

Wenn Sie kontemplieren, träumen Sie, ohne zu schlafen. Ich spreche von wirklichen Träumen, wirklichen Erlebnissen, nicht von Phantasien minderer Tragweite. Diese Technik bringt Sie wie keine andere zu Ihrem Schutzengel.

Im folgenden Beispiel tauchte mein Schutzengel im Traum auf. Später, in der Gestalt eines Bibliothekars, half er mir in der Kontemplation, meinen Traum mit ihm zu deuten.

Als "Krebs" bin ich sehr sensibel. Meine Sensibilität hat mir zwar oft geholfen, aber noch viel öfter litt ich unter ihr. Jedes negative Wort irgendeines Mitmenschen ging mir sofort unter die Haut.

Sensibilität und Spiritualität sind sich freilich ähnlich, doch dass sie nicht dasselbe sind, zeigte mir dieser Traum:

Der Armani-Mantel

Ich gehe in der Innenstadt spazieren. Es ist Winter und bitterkalt. Zwei Obdachlose ziehen vorbei und betreten ein Pelzgeschäft. Die Besitzerin hat ein gutes Herz und lässt sie bleiben, damit sie sich aufwärmen. Eine Traumstimme lässt mich wissen: Sie besitzen zwar keinen Pelz, haben es aber genauso warm. Allein in der Nähe eines Pelzmantels zu sein, gibt ihnen Wärme. (Dies spielte auf das spirituelle Bewusstsein an, das auch der Mantel des Bewusstseins genannt wird).

Da kommt mir meine Mutter ganz aufgeregt entgegen. "Komm schnell mit!", ruft sie mich heim. Ein Bekannter hätte einen wundervollen Armanianzug zum Schnäppchenpreis für mich. Ich denke an edlen Stoff, an Neuware aus Geschäftsauflösung, an ein gutes Erscheinungsbild. Dann stellt sich heraus: ein gebrauchter Mantel mit Anzug. Später: Ein Erbstück, seit den 20er Jahren weitervererbt. Feierlich wird es aus Zeitungspapier ausgewickelt, und das gute Stück präsentiert sich als wollene Strickjacke. Der Preis dieses edlen Armani-Anzugs mit Mantel betrage nur 450 Euro.

“Mama, dir zuliebe probiere ich es an, aber ich zahle doch nicht 900 Mark für eine gebrauchte Strickjacke! Überhaupt, wer trägt denn heutzutage gestrickte Wolle?” “Ich”, konstatiert mein Vater. Und tatsächlich, er trägt auch eine. Kariert und im Augenblick nicht zugeknöpft. “Jaaa”, lenke ich ein, “aber ...”

Damit wache ich auf. Wieder einmal hatte ich gegen meinen Schutzengel argumentiert, der diesmal in Gestalt meiner Eltern auftrat. Und noch immer wollte es mir nicht in den Kopf, dass ich dieses grob gestrickte Wollteil tragen sollte.

Ich war schon dabei, den Traum als Gewirr ohne erkennbare Bedeutung zu den Akten zu legen, als eine rote Lampe in meinem Kopf aufzuleuchten schien. Mein Schutzengel drängte mich, den Traum en detail niederzuschreiben.

Ich tat es, aber mir ging kein Licht auf. Die Wolljacke gefiel mir nicht. Was ich an dicker Wolle am wenigsten mag, ist das Wollfett. Es verklebt die Fäden miteinander, darum der wärmende Effekt, aber es ist für meinen Geschmack ganz und gar unfein.

Wie ich so dalag und mich über die Eigenschaften dicker Wolle echauffierte, spürte ich schließlich doch, dass da etwas Wichtiges an diesem Traum sein musste. Ich schloss die Augen und stellte mir *Das Museum* vor. *Das Museum* ist ein Ort in den Inneren Welten. "Mein" Museum ist halb Bibliothek, halb Ausstellungshalle. Ein Ort in den spirituellen Welten, an dem ich gerne Forschungen betreibe.

Ich bin also wieder im Museum. Ich möchte diesen seltsamen Traum vom "Armani-Anzug mit Mantel" lösen. Ein Schaukasten scheint passend zu sein. Ein Stück Oberbekleidung ist ausgestellt, und die Tafel sagt: "Mantel=Mantel des Bewusstseins. Seit alter Zeit erkannte man ..." Der Rest der Schrift verblasst, weil mir wieder Zweifel kommen, ob ich mir das alles nur einbilde. Nun gehe ich zu der Bücherabteilung. In den elektronischen Suchkatalog gebe ich ein: "Strickjacke". Ergebnis: "Die Sage von der Strickjacke: Junge Menschen meinen oft ..." Wieder beendet mein zweifelnder Verstand die Lesung.

Ich schlug die Augen auf. Das wenige, das ich erfahren hatte, reichte aus, meine Meinung zu ändern. Es musste sich um etwas Kostbares, nicht um etwas Überflüssiges handeln. Ich begann mein Assoziationsspiel und schrieb zu allen anderen Notizen in mein Traumheft: "Eine S. ist grobmaschig, lässt aber nichts durch."

Und da fiel der Groschen:
Sie ist das Symbol für ein vereinfachtes spirituelles Bewusstsein.

Der Traummeister in Gestalt meines Vaters trug sie. Er empfahl, ich solle sie auch tragen. Das bedeutet, viel von meiner zu feinen Sensibilität gehen zu lassen und durch das grobmaschige

Muster echter Spiritualität zu ersetzen. Das eine steht mir nur fein zu Leibe, das andere schützt und wärmt und nutzt mir wirklich.

Die Lösung des Traums war ersichtlich, als das hauptsächliche Symbol, der Mantel, richtig gedeutet wurde. Schleichen Sie daher bei eher verwirrenden Träumen genauso um das zentrale Symbol Ihres Traumes herum, spielen Sie mit ihm, phantasieren Sie, denken Sie sich eine Geschichte dazu aus. Der Traum ist dankbar für diese Art von Aufmerksamkeit, die Sie ihm schenken, und mitten im Prozess wird die Symbolik ganz deutlich zum Vorschein kommen.

Noch einmal: Sie können Traumdeutungsbücher und Symbollexika zu Hilfe nehmen, aber spüren Sie nach, ob die angebotene Bedeutung auf Sie zutrifft. Wichtiger als das, was andere meinen, ist Ihr inneres Gefühl, das sagt: “Ja, so passt alles zusammen, das ist *mein* Thema.”

Ihr Unterbewusstsein hält die Antwort auf jede Frage für Sie bereit. Alles, was Sie tun müssen, ist, Ihre spirituellen Kräfte zu bündeln und genau dorthin zu gehen, wo die Antwort liegt. Dies ist wie ein gesteuerter Traum.

Probieren Sie einmal folgende Übung aus:

Setzen oder legen Sie sich an Ihren Lieblingsplatz, wenn Sie dort die nächsten 20 Minuten nicht gestört werden. Schließen Sie die Augen, und konzentrieren Sie sich auf Ihr *Drittes Auge*, den Ort, an dem Sie innere Bilder wahrnehmen. Dieser liegt etwas oberhalb der Nasenwurzel, zwischen den Augenbrauen. Blicken Sie innerlich auf diesen Punkt in Ihrer Stirn, und singen Sie das Wort HU (gesprochen: Hjuu).

HU ist ein uralter Name, der gesungen wird, um das Herz für die Liebe Gottes zu öffnen (Sie können es natürlich auch benutzen, wenn Sie nicht an Gott glauben, und dennoch damit Erfolg haben; der einzige Sinn dieser Übung ist es, dass Sie empfänglich werden für die intuitiven Eingebungen des Fernen Landes).

Atmen Sie gleichmäßig, und singen Sie im Rhythmus Ihres Atems HU.

Während Sie sich entspannen und singen, betrachten Sie Ihren inneren Bildschirm. Nach und nach sollten die alltäglichen Bilder dort verblassen. Lassen Sie ihn blank werden, und beobachten Sie, was dann darauf geschieht. Vielleicht sehen Sie Farben oder Lichter. Oder Sie hören einen Ton. Halten Sie Ausschau nach Ihrem Schutzengel. Vielleicht sehen Sie seine Hand oder seine Augen. Vielleicht hören Sie ein Wort oder ein Satzfragment von ihm. Auch wenn dies noch ungeordnet ist, schätzen Sie es hoch ein - und erfreuen Sie sich daran.[1]

Nach etwa 20 Minuten - länger sollte solch eine Übung in der Regel nicht dauern - kehren Sie zurück in diese Welt, indem Sie einfach Ihre Augen öffnen.

1) Diese Übung finden Sie auch in den Büchern von Eckankar, einer Glaubensrichtung, die sehr gute Zugänge zum inneren Meister vermittelt.

Sehr bald, oft schon nach zwei oder drei Versuchen, werden Sie Übung mit dieser Art der Kontemplation haben. Gehen Sie dann über zu Schritt 2:

Der Beginn ist genauso: Schließen Sie die Augen, singen Sie HU, lassen Sie den Alltag verblassen und schauen Sie auf den leeren Bildschirm.

Jetzt projizieren Sie etwas auf den Bildschirm, und zwar ein wunderschönes Gebäude, hell, geräumig und mit hohen Säulen, erbaut aus weißem Marmor. Dies ist die Bibliothek der vergessenen Träume. Gehen Sie hinein.

An langen Regalen stehen kleine Heftchen und dicke Bücher, die alle Träume beinhalten, die Sie jemals geträumt haben, und dazu deren Bedeutung. Sie gehen dann zum Bibliothekar, der Sie freundlich empfängt. Er kennt Ihren Namen und führt Sie direkt zu den Regalen, an denen Ihr Name steht. Hier, in Ihrer Abteilung, nimmt er einen Band aus dem Regal und gibt ihn Ihnen in die Hand. Ein Lesezeichen steckt darin, und Sie schlagen es an der markierten Stelle auf. Versuchen Sie, diesen Text zu lesen. Er enthält wichtige Hinweise - vielleicht zur Bedeutung Ihres Traumes von letzter Nacht oder zu dem Problem, mit dem Sie sich gerade beschäftigen. Sie können mit dem Bibliothekar diese Seite besprechen und ihn fragen, was die Sätze, die Sie dort lesen, mit Ihrem Leben zu tun haben.

Im rückwärtigen Teil der Bibliothek befindet sich "das Museum". Wenn Sie bisher noch keine Lösung für Ihr Rätsel gefunden haben, wird Ihnen der Bibliothekar den Weg dorthin zeigen. Er führt Sie durch die Ausstellung zu einer ganz bestimmten Vitrine. Betrachten Sie das Ausstellungsstück in dieser Vitrine genau. Lesen Sie, was das Täfelchen darunter sagt.

Kehren Sie dann zurück, und - ganz wichtig - schreiben Sie nieder, was Sie erlebt haben. Auch bei kontemplativen Übungen empfiehlt es sich daher, immer ein Schreibheft und einen Kugelschreiber in unmittelbarer Nähe liegen zu haben.

Wenn Sie bei den ersten Malen keinen Erfolg haben, üben Sie weiter. Es ist es wert. Es hilft, den Zustand eines Kindes einzunehmen. Ein kleines Kind wacht jeden Morgen auf in der Gewissheit, auch heute wieder etwas Neues zu erleben. Die Erfahrungen, die es macht, sind stets frisch und ungewohnt.

Stellen Sie sich vor, dass Sie im spirituellen Sinne ein Kind sind. Bis heute haben Sie eine Seite des Lebens ausführlich kennen gelernt. Zweifeln Sie nicht daran, dass auch die andere existiert.

Mit anderen Worten und kurz gesagt: *Glauben* Sie daran, dass es da etwas zu sehen gibt, und Sie werden früher oder später tatsächlich diese Bibliothek und viele andere Orte sehen.

Für diejenigen, die lebendige Erfahrungen haben, stellt sich ein anderes Problem: Sie zweifeln oft die Echtheit dieser Erlebnisse an. Machen Sie dennoch weiter, und schreiben Sie so viel wie möglich auf. Es werden Erlebnisse dabei sein, die Sie sich nicht ausgedacht haben *können*. Dann sollte klar sein, dass Ihre kontemplativen Reisen Wirklichkeit sind.

Lassen Sie sich mit Liebe und Geduld auf diese Reisen ein, und die geheimen Welten werden Ihre Tore für Sie öffnen.

Wenn Sie nun zum ersten Mal die Bibliothek besucht haben und ein wenig von "Ihrer" Seite lesen konnten, dann wissen Sie etwas darüber, was Kontemplation ist und wie Sie Ihnen helfen kann. Sie können über jedes Thema und über jedes Problem in Ihrem Leben auf diese Weise kontemplieren.

Denken Sie sich eine Bibliothek aus, und besuchen Sie sie. Es wird die richtige sein. Fragen Sie den Bibliothekar, und er wird Sie zum richtigen Buch führen. Nicht nur spirituelle Probleme, sondern auch partnerschaftliche, geschäftliche und Fragen aus reiner Neugier habe ich damit geklärt.

Kontemplieren heißt also, nach innen zu gehen - denn dort liegt das Ferne Land. Die

Bibliothek ist nur ein mögliches "Setting" für Ihre Erfahrung. Genauso gut kann es eine Wiese oder eine Stadt in den Bergen sein, ein Schlossturm oder eine Parkbank in den inneren Welten. Mein liebstes "Setting" neben der Bibliothek ist ein Sandstrand am Meer. Dort stehe ich und schaue den Möwen zu, die im Wind segeln. Dann kommt aus der Ferne ein Boot und legt an. Mein Schutzengel ist der Segler und lädt mich ein. Sobald wir ablegen, geschehen besondere, stets verschiedene Dinge. Manchmal segeln wir auch einfach und unterhalten uns.

Sie werden sicher bemerkt haben, dass der freundliche Bibliothekar, der Ihren Namen kannte, natürlich auch Ihr Schutzengel war. Er begegnet Ihnen an allen möglichen Orten in den inneren Welten. Sie erkennen ihn an seiner Liebe, seiner Weisheit und oft an einem Erkennungsmerkmal, das er Ihnen einmal genannt hat, zum Beispiel an seinem Blick, der wie der von Ihrer Tante Alma ist ...

Der innere Dialog

Die dritte Übung, die Sie zu jeder Zeit des Tages mit offenen Augen praktizieren können, ist die "So tun als ob"-Übung. Wenn Sie allein im Auto fahren, gehen Sie einfach davon aus, dass der Schutzengel auf dem Beifahrersitz sitzt - denn als Ihr Schutzengel ist er ohnehin stets bei Ihnen. Tun Sie nun so, als ob Sie ihn bereits klar hören. Beginnen Sie ein Gespräch mit ihm. Stellen Sie sich vor, was er antworten würde. Eines Tages werden Sie ihn deutlich hören.

Diese Übung erfordert Fingerspitzengefühl und bei verstandesstarken Menschen ein wenig Anleitung.

Zuerst einmal: Nehmen Sie es spielerisch. Sagen Sie sich: Was ich jetzt gehört habe, kann von meinem Schutzengel stammen und somit wahr sein. Es kann aber auch etwas anderes sein.

Sie kommen mit dieser Einstellung weiter, als es jetzt erst einmal den Anschein hat.

Sie verschieben leicht Ihre Aufmerksamkeit ins Träumerische und beginnen einen Dialog. In der Stirn, in der Herzgegend oder in Ihren Ohren - oder auch an keinem bestimmten Ort - nehmen Sie dann eine Antwort wahr. Sie sprechen sie laut aus. Sie haben also Ihre Stimme, die Ihnen antwortet, aber es sind nicht unbedingt Ihre Gedanken, die in Worte gefasst werden. Das ist dann ein Indiz, dass Sie nahe dran sind.

Der Schutzengel spricht oft in Ihrer Muttersprache. Wenn Sie in einer Fremdsprache wie Latein oder Englisch sehr versiert sind (und diese Sprache lieben), nimmt er auch diese. Er spricht auf alle Fälle so, dass Sie es verstehen. Er redet zudem gern in Wortspielen oder in Bildern, das heißt in Vergleichen und Parabeln. Es ist mir selten passiert, dass er auf meine Fragen einfach mit "Ja" oder "Nein" geantwortet hat. Fast immer zeigte er mir stattdessen die spirituelle Wirklichkeit, die zu der Antwort führt.

Das Arbeitsfeld des Schutzengels ist die innere Wirklichkeit aller Dinge. Er kann Ihnen zeigen, wer Sie wirklich sind, wonach Sie sich wirklich sehnen und was Sie benötigen, um glücklich zu sein. Er kann Ihnen in Konflikten zeigen, worum es wirklich, im Kern geht. Er wird Ihnen nicht (zumindest mir nicht) die Börsenkurse von morgen nennen ...

Ein Beispiel: Ich arbeitete wie bereits erwähnt oft als Münzhändler, und bei riskanten, spekulativen Geschäften fragte ich ihn um Rat. "Die Ware ist überbewertet und wird steigen, so lange die Menschen sich noch Hoffnungen hingeben. Danach werden sie enttäuscht davon lassen", ist eine der Antworten, die ich erhielt. Mein Schutzengel hatte also kein Interesse daran, mir den genauen Tag des Kursverfalls mitzuteilen, damit ich am Tag vorher verkaufen konnte. Denn was ich dadurch gewonnen hätte, hätte ein anderer verloren. Die Arbeit des Schutzengels ist zum Wohle aller, weswegen er mir auch nicht half, wenn ich meine Konkurrenten ausstechen wollte. Wenn ich ihn dagegen fragte, wie ich mein Geschäft besser gestalten könnte, gab er mir durchaus Tipps, um Anzeigen zu formulieren oder neue Geschäftsfelder aufzutun. Er ist da für uns, auch für weltliche Belange, aber nach seinen Regeln.

Für mich war es die wichtigste Übung, die Einflüsterungen meines Verstandes von denen meines Schutzengels zu unterscheiden. Mit etwas Übung wird Ihnen dies immer leichter fallen, und die Übung geht so:

Sie merken sich, dass der Tipp, den Sie soeben gehört haben, aus einer noch ungeklärten Quelle stammt. Prägen Sie sich das *Gefühl* ein, das mit diesem Tipp und dieser Konversation einherging. Dann führen Sie den Tipp aus. Meist erkennen Sie jetzt schon, ob er überflüssig war - oder aber eine geniale Idee. Erinnern Sie sich an das Gefühl, und legen Sie es vorerst in die entsprechende Schublade.

Einfachstes Beispiel: Sie verlassen Ihre Wohnung, da kommt Ihnen der dringende Impuls, noch einmal nach dem Herd zu sehen. Haben Sie ihn eventuell angelassen?

Ist dieser Einfall eine Angst, die dem Verstand entspringt, oder ist es eine Intuition, ein guter Rat des Schutzengels?

Merken Sie sich auf jeden Fall das Gefühl, das mit der Idee einherging. Kam der Tipp eher sanft oder eher fordernd? War er angsterfüllt? War es ein sanfter Fingerzeig oder ein mahnender Zeigefinger? Wie fühlte es sich an?

Dann gehen Sie, nachdem Sie dieses Gefühl gespeichert haben, zum Herd und überprüfen die objektive Realität. Ihr Schutzengel hätte Sie nicht vergeblich hierher geführt. Die Ängste und Gewohnheiten des Verstandes führen uns dagegen oft im Kreis herum. Ist der Herd tatsächlich "an" gewesen, als Sie das Haus verlassen wollten? Dann erinnern Sie sich an das gespeicherte Gefühl und wissen, wenn beim nächsten Mal solch ein Gefühl mit einem plötzlichen Einfall einhergeht, dann ist es wahrscheinlich, dass Ihr Schutzengel zu Ihnen spricht.

War es allerdings ganz offensichtlich vergeblich, rufen Sie sich das gespeicherte Gefühl zurück und kleben geistig das Etikett "das war nur grundlose Angst" darauf.

Es ist wichtig, dass Sie Intuition - die Sprache Ihres Schutzengels - von Ängsten und Gewohnheiten Ihres Verstandes unterscheiden lernen. Andernfalls werden Sie ein Spielball dieser Kräfte und sind zu erschöpft, auf die wirklichen Einflüsterungen Ihres inneren Lehrers zu hören.

Sie werden feststellen: Die tatsächliche innere Stimme, die Ihres Schutzengels geht mit Leichtigkeit einher. Auch bei bedeutenden Themen macht er nur Vorschläge. Der Schutzengel arbeitet niemals mit Angst oder Drohungen. Es ist eine zarte Stimme, die daher auch oft überhört wird. Stellen Sie sich Ihren Schutzengel als ein uraltes Wesen vor, das schon alles erlebt hat und daher geduldig ist. Er weiß, es gibt für fast alles eine zweite Chance.

Die Stimmen von Angst und Gewohnheit aber sind fordernd. Sie malen Horrorszenarien aus, die geschähen, wenn Sie dies täten oder jenes unterließen. Auch sagen sie häufig “nur dieses Mal noch”.

Besonders intensiv habe ich die Stimme meines Schutzengels gespürt, wenn ich etwas *nicht* tun sollte.

Als ich jung und knapp bei Kasse war, wurde ich eingeladen, an einem Direktmarketingprogramm teilzunehmen. Direktmarketing bedeutet, seinen Freunden und Verwandten und jedem, dessen man habhaft werden kann, bestimmte Produkte zu verkaufen. In einem Schneeballsystem sollen überdies weitere Verkäufer angeworben werden. Ich fühlte mich dabei aber immer, als sollte ich meine Freunde verkaufen. Plötzlich sollte ich Freundschaften und Bekanntschaften als Marktplatz betrachten, was diese natürlich sehr belastet hätte.

Auf einer Schulung trichterte man uns Scheinweisheiten ein, warum es auch für unsere innere Entfaltung wertvoll und nötig sei, “über unseren Schatten zu springen”. Sie benutzten die gleichen Begriffe wie die Schutzengel sie verwenden, aber furchtbar verdreht.

Ich glaubte, dies wäre mein nächster Schritt zu mehr innerer Stärke und versuchte, diese Blockade zu überwinden und die Produkte meinen Freunden zu verkaufen. Es ging nicht. Ich stellte den Nutzen der Produkte vor, meine Freunde fanden es nett - und ich schenkte es ihnen.

All die Zeit über verspürte ich eine starke Übelkeit, wann immer ich nur an das nächste Verkaufsgespräch dachte. Und schließlich meldete ich mich bei der Direktmarketingfirma ab.

Erst in diesem Moment erkannte ich, dass mein Schutzengel mich nicht zu diesem Vertrieb geschickt hatte, um mich innere Stärke durch Verkaufen zu lehren. Ich erkannte, dass sie dort ähnliche Begriffe benutzt hatten, wie sie auch spirituelle Schüler seit Jahrtausenden benutzen, einfach, weil sie sinnvoll sind. Aber Ziel, Methode, Absicht und Bewusstseinszustand dieser Vertreterfirma waren grundverkehrt.

Ich sah meinen Schutzengel, wie er die Arme ausbreitete und mich anlächelte: "Willkommen zu Hause", sagte er. In den zwei Wochen dachte ich stets, ich führe seinen Auftrag aus. Ich wollte ihn gar nicht anschauen, weil ich mich schämte, dass ich mich ständig davor drückte. Und nun, wo ich meine Augen wieder für ihn geöffnet hatte, verstand ich, wie sehr ich ihn unterschätzt hatte.

Auf Ihrem Weg zu innerer Freiheit und Liebe sollten Sie den sanften Fluss suchen. Er bestätigt Ihnen, dass Sie auf dem richtigen Weg sind. Mit jedem Schritt muss es sich innerlich leichter anfühlen.

Vieles im Studium des Fernen Landes ist paradox. So ist es natürlich auch einmal nötig, harte Zeiten zu durchlaufen und schwierige, schmerzhafte Entscheidungen zu treffen. Auch kommt es vor, dass Sie mit sich selbst im Unreinen sind. Aber an einer Stelle Ihres Herzens sollte es sich mit jedem Schritt leichter anfühlen. Der Schutzengel zeigt Ihnen, welche Entscheidungen dafür nötig sind.

Nach dieser Erfahrung, in der ich mich zum Direktmarketing zwingen wollte, habe ich nie wieder gezögert, den Schutzengel um *seine Meinung* zu fragen. Sehr wohl hatte ich während dieser Zeit gefragt: "Wie kann ich mich überwinden, die Sachen meinen Freunden zu verkaufen?" - aber verständlicherweise keine nutzbringende Antwort erhalten. Die richtige Frage wäre gewesen: "Ist dies wirklich das, was ich tun soll?" Fragen Sie daher grundsätzlich nach. Vergewissern Sie sich, dass Sie die Antwort richtig verstanden haben. Oft hat der Schutzengel ganz anderes mit uns im Sinn, als wir denken.

Die dritte Möglichkeit, mit Ihrem Schutzengel Kontakt aufzunehmen, ist also das *direkte Gespräch, der Dialog*. Die Antworten werden anfangs noch nebulös sein, später werden Sie sie immer klarer verstehen. Nehmen Sie nicht alles wortwörtlich, denn diese Methode ist störungsanfällig. Sie hilft Ihnen am besten, wenn es darum geht, sich zu klären und Ihren Kurs neu zu bestimmen. Wenn Sie in Ihrem Leben den nächsten Schritt suchen oder sich der Liebe und des

Schutzes des inneren Lehrers versichern wollen, benutzen Sie diese Methode, wann immer Sie wollen. Ich spreche mit meinem Schutzengel beispielsweise während des Autofahrens, bei der Arbeit und natürlich auch während ich schreibe. Ein Gefühl innerer Leichtigkeit zeigt Ihnen, dass er da ist.

Wie Drogen den Schutzengel fernhalten

Der Versuch, den Schutzengel in Ihr Leben zu bringen, wird boykottiert, wenn Sie Drogen, Alkohol oder Tabak konsumieren. Denn diese Mittel schwächen die spirituelle Selbstdisziplin und Stärke, die nötig ist, um einem Wesen dieses Formats gegenüberzutreten.

Drogen erweitern zwar kurzzeitig die Wahrnehmungsfähigkeit, und je nach Stärke der Droge variiert dies von einem angenehmen Gefühl bis zu ausgedehnten Reisen in andere Welten. Insofern ist dies dem spirituellen Reisen ähnlich, womit viele esoterisch Interessierte den Gebrauch von Drogen rechtfertigen.

Doch während der Schüler eines Schutzengels langsam seine Selbstdisziplin aufbaut, um die spirituelle Stärke zu entwickeln, willentlich ins Ferne Land zu reisen, setzt sich der Drogenkonsument mittels biochemischer Stoffe in einen Zug nach Nirgendwo, ohne zu wissen, wo er ankommt. Er nimmt die astralen Welten wahr, aber diese Wahrnehmungen verbessern in der Regel nicht sein Leben, weil sie aus dem Zusammenhang gerissen sind.

Abgesehen von den körperlichen Folgen des Drogenkonsums, nimmt zudem die Standfestigkeit in dieser physischen Welt immer mehr ab, die Selbstdisziplin und innere Stärke gehen zurück. Abhängigkeit bedeutet dann, nur noch mit fremden Mitteln glückliche Momente zu finden.

Wenn Sie aus eigener Kraft spirituelles Reisen praktizieren, brauchen Sie, je nach Veranlagung, zwar einige Monate länger, doch dann werden Sie dieselben Welten kennen lernen - und sie verstehen. Schließlich können Sie die Grenze des astralen Bereiches überqueren und in höhere sowie feinere

Bereiche vordringen. Diese Bereiche sind durch Drogen nicht zu erreichen. In Problemfällen, ob in dieser Welt oder im Fernen Land, können Sie stets auf die Hilfe Ihres Schutzengels vertrauen. Ein Drogenkonsument dagegen hat seine Sinne zu sehr vernebelt, um seinen Schutzengel von niederen Wesen mit niederen Beweggründen zu unterscheiden.

Für Tabak und Alkohol gilt das Gleiche - sie vernebeln die Sinne, stumpfen die Wahrnehmung ab und schwächen die spirituellen Muskeln. Wenn es Ihnen möglich ist, darauf zu verzichten, sollten Sie es tun.

Freundinnen erzählten mir diese zwei Erlebnisse:

Das erste war ein Traum:

Sie ist mit ihrer Clique von Freunden unterwegs. Auch ihr Schutzengel ist in der Gruppe. Zwei Autos stehen zur Verfügung, und die Gruppe teilt sich auf. Der Schutzengel sagt zu ihr: "Fahr du mit diesem, ich nehme das andere Auto."

Mit verletzten Gefühlen wachte sie auf, aber sie verstand die Botschaft sofort: "Der Schutzengel ist immer bei mir - aber solange ich rauche, fährt er im anderen Auto", erzählte sie mir.

Die andere Freundin zitierte neulich einen inneren Dialog mit ihrem Engel:

"Als ich versucht hab, in betrunkenem Zustand mit ihm zu reden, hörte ich:
' ... Engel ... bist du da?'
'... immer da ...'
'Ja verstehst du mich denn??'
'Verstehst du MICH überhaupt?'
... Ende des Gespräches."

Zu meiner Schulzeit, als ich begann, mich mit spiritueller Freiheit und meinen Träumen zu beschäftigen, experimentierten einige meiner Freunde mit so genannten "bewusstseinserweiternden" Drogen. Wenn ich ihnen von meinen spirituellen Reisen erzählte, nickten sie wissend - so etwas in der Art hatten sie alle schon erlebt. Aber wenn ich ihnen erzählen wollte, wie ich die neu gewonnene

Weisheit in meinem Leben einsetzte, fiel das Interesse auf seinen Tiefststand. Die Drogen hatten diesen Menschen die innere Spannkraft genommen.

Sucht und Sehnsucht liegen nahe beieinander. In den Anfangsmonaten meines Studiums, nachdem ich von Traum- und Seelenreisen und von Schutzengeln erfahren hatte, wollte ich so schnell wie möglich eigene Erfahrungen in den Fernen Ländern sammeln. Ich sehnte mich nach luziden Träumen und nach außerkörperlichen Erfahrungen. Mein innerer Lehrer sagte mir, dies würde kommen, aber meine Ungeduld war groß.

Dies war die Zeit, als einige meiner Freunde Haschisch rauchten. Sollte ich das auch versuchen? Folgenden Traum sandte mir mein Schutzengel als Antwort:

Besichtigung eines Bergwerks in Polen. Der Reiseleiter führt uns durch viele Gänge. Noch sind wir relativ nah an der Oberfläche. Da sehe ich einen interessanten Stollen, der tief in den Berg hinein führt. Nur eine kleine Kette und ein

Schild "Durchgang verboten" sperren den Gang ab. Es wäre also ein Leichtes, ihn auf eigene Faust zu erkunden. Die Verlockung ist groß, aber schließlich bleibe ich beim Reiseleiter. Er hatte eingangs versprochen, uns zu gegebener Zeit auch zu den tiefen Stellen zu führen.

Als ich mich im Traum entschied, der Führung des Schutzengels in der Gestalt eines Reiseleiters weiter zu folgen, wusste ich, dass ich auch im wachen Leben die Geduld aufbringen konnte, den sicheren Weg zu nehmen. Wenige Jahre später war ich fähig, willentlich ins Ferne Land zu reisen und die dort errungenen Erfahrungen in meinem weltlichen Leben gewinnbringend einzusetzen.

2. Kapitel
Vom Engel lernen

Haben Sie sich in schweren Stunden nicht auch schon einmal gewünscht, nicht allein zu sein? Die gute Nachricht ist: Sie waren es nie. Über jeden Menschen (und sicherlich auch jedes Tier) wacht im Unsichtbaren ein Schutzengel.

Dies ist der Bericht von einem von Hunderten von Treffen, die in meinen Träumen mit meinem Schutzengel stattfanden. Es setzte sich später in der Kontemplation fort und bewegt mich noch heute sehr.

Der Blick der Liebe

Ich besuchte im Traum ein spirituelles Seminar. Ich kam dort an und freute mich auf das Programm, aber in Gedanken war ich noch ganz woanders - ich war geplagt von Selbstzweifeln und Zukunftsangst, die mein beruflicher Alltag so mit sich brachten.

Wir standen in einer Gruppe von 20 oder 30 Teilnehmern vor der Bühne, die nicht mehr als eine kleine Erhöhung war. Dann kam der spirituelle Lehrer herein, der auf diesem Seminar sprechen sollte, und es war niemand Geringerer als mein Schutzengel. Er kam vom Raum hinter der Bühne und stand nun vor uns. Sein Blick traf meinen. Er schaute geradewegs in meine Augen. So viel Liebe durchdrang mich. All die falschen, überflüssigen Gedanken, meine Ängste und Zweifel schmolzen dahin.

Sie schmolzen dahin, weil sie das Ego betrafen, den Menschen. Wir müssen uns um die Seele kümmern.

Das war alles. Die Sorgen, die im Traum geschmolzen waren, waren die, mit denen ich zu Bett gegangen war. Und der Blick des Schutzengels erfüllte mich noch stundenlang nach dem Aufwachen. Solche Träume haben einen Grad der Realität, der mich in keiner Weise zweifeln lässt, dass sie wirklich geschehen sind.

Später ging ich in die Kontemplation. Ich hatte den Traum mehr oder weniger vergessen. Ich suchte im Inneren nach meinem Schutzengel und stellte mir seine Gestalt vor. Als er vor mir stand, garantierte er mir in einer nicht beschreibbaren wortlosen Kommunikation seine Nähe und dass aus spiritueller Sicht alles im Lot sei. (Ich frage ihn oft danach, denn ich zweifle leider viel an mir.)

"Danke", sagte ich, "aber gibt es nicht etwas, das ich tun kann für mein spirituelles Fortkommen?" Es gab etwas. "Erinnerst du dich an heute Nacht?", fragte er, und die Szenerie veränderte sich. Er stand wieder auf der Bühne, ich in der kleinen Gruppe von Seminar-Teilnehmern. Er sprach weiter zu mir: "Heute Nacht hast du den Blick der Liebe gespürt. Möchtest du ihn nicht auch erlernen? Komm mal hoch."

Ich stand vor ihm. "Blick mich an, wie es ein Schutzengel tun würde."

Ich legte all die Liebe und Dankbarkeit, die mein Herz aufbringen konnte, in meine Augen und blickte ihn an.

"Nein, das ist es nicht", sagte er und schüttelte den Kopf. "Versuch es noch einmal."

Nach einigen ermüdenden Versuchen erkannte ich, dass es nicht um die Liebe und Dankbarkeit in *meinem* Herzen gehen konnte. Wie viel konnte darin schon sein?

"Richtig", bestätigte der Schutzengel meine Gedanken. "Du musst die Liebe Gottes einleiten." Er übermittelte mir eine Vision von einem Lebensstrom, einem Strom aus Liebe, der das Universum durchzieht und seinen Ursprung in Gott hat.

Und das ging so: Ich öffnete mein Herz, aber nicht, um meine Liebe *heraus*zulassen. Ich öffnete mein Herz, um die Liebe Gottes *herein*zulassen, um sie dann, ohne sie irgendwie zu berühren, zu formen oder zu verändern, in reinem Zustand aus meinen Augen wieder herauszulassen. Unwillkürlich stellte ich mir einen Kippschalter an meinem Herzen vor:

Normalzustand: Mein Herz, mit meiner Liebe.

Kippschalter umgelegt: Mein Herz als vorübergehender Speicher für Gottes Liebe.

Die große, unabhängige Liebe fließt bei geöffnetem Schalter ins Herz, und sobald ich den Blickkontakt herstelle, fließt sie durch meine Augen und die des anderen in sein Herz.

"Ja, das ist es!", lobte mich mein Lehrer nach dem letzten Versuch. Ich fühlte mich seltsam teilnahmslos, denn nicht meine Emotion war geflossen. Ich war nur das Gefäß, wie eine Kanne - oben hinein, an der Mündung heraus.

Der Lehrer holte drei Kinder auf die Bühne. Wieder wandte ich meine "Herzschalter"-Übung an und versuchte, ihnen mit dem Blick der Liebe in die Augen zu schauen. Manchmal weiß man im Traum oder in der Kontemplation einfach etwas. Ich wusste, dass die Kinder der schwerste Test waren, sie würden am kritischsten zu verstehen geben, ob es funktioniert hatte oder eben nicht. Und es funktionierte. Ein dreijähriges Mädchen beugte sich zu mir herüber, gab mir einen Kuss auf die Wange und setzte sich auf meinen Schoß.

Mein Schutzengel sagte: "Übe weiter", und sehr zögerlich verließ ich diesen wunderschönen jenseitigen Ort, um wieder ins physische Leben zu gehen.

Weil der Begriff Liebe oft missverstanden und missbraucht wird, möchte ich mein traumgeschöpftes Verständnis, was göttliche Liebe sein mag, umschreiben: Sie ist bedingungslos und wünscht Ihnen das Beste, die größte Erfüllung. Sie ist geduldig und nicht verletzbar. Sie verlangt nichts und fließt immer. Der Mensch muss sein Herz für sie öffnen, um sie zu erkennen. Menschliche Liebe ist unvollkommen, wenn sie mit Bedingungen oder Gefühlen verknüpft ist. Göttliche Liebe aber ist ein gleichmäßiger Strom voller Wohlwollen und Güte.

Jedes Treffen mit dem Schutzengel ist so schön wie dieses Erlebnis. Wenn er in Ihr Leben tritt, bringt er das Denken und Fühlen anderer Welten mit. Er zeigt Ihnen, wie ein Leben in der Liebe Gottes sein kann. Wie können Sie also ein Schüler oder eine Schülerin des Schutzengels werden?

Die einfache Antwort lautet: Sie sind es bereits. Auch der verschlossenste Mensch hat einen Lehrer, der über ihn wacht. Es mag auch derselbe Lehrer über viele Menschen wachen, aber er ist dennoch voll und ganz für jeden da. Eine Erklärung, wie man sich das vorstellen kann, liefert die Gestalt des Todes, der in dem Film "Rendezvous mit Joe Black" Urlaub unter den Menschen macht. In Menschengestalt unter dem Namen Joe Black quartiert er sich bei einem alten Unternehmer ein, der ihm die Welt der Menschen zeigen soll.

"Sag mal Joe", fragt ihn der Mensch eines Tages, "wenn du jetzt hier bist - wer macht dann deine Arbeit?" Joe, der Tod, antwortet: "Als du dich heute morgen rasiert hast, hast du dich nicht nur rasiert. Du hast Pläne gemacht, Entscheidungen getroffen, Probleme gelöst. Also verstehst du das Prinzip. Jetzt multipliziere das mit der

Unendlichkeit, erweitere es um die Ewigkeit, und du wirst im Ansatz erahnen können, wovon ich spreche."

Wie jeder Mensch Träume hat und in ihnen die jenseitigen Welten bereist, so genießt auch jeder Mensch den Schutz und die Liebe seines Schutzengels bei Tag und bei Nacht. Er ist immer für Sie da. Tagsüber schließe ich oft die Augen und frage: "Bist du da?", und ich spüre einen Stern von Wärme in meinem Solarplexus. Eine tonlose Stimme antwortet direkt in mein Bewusstsein: "Ich bin da. Hab Vertrauen." Oft genügt mir allein das bereits, um in schwierigen Situationen weiterzumachen.

Heute zum Beispiel besuchte ich meinen Schutzengel mit den Mitteln der Kontemplation, um in Ruhe zu besprechen, wie ich dieses Kapitel schreiben soll. "Zuerst einmal kommt das hier weg", sagte er und griff in mein Herz, um eine Kugel weißen Schaums, die aussah wie geschlagenes Eiweiß, zu entfernen. Er nahm den Schaum heraus und warf ihn auf die Erde. Ich wusste sofort: Dies war meine Angst, etwas nicht perfekt zu machen. "Und das kann auch gleich raus", fügte er hinzu und nahm eine zweite Handvoll Schaum aus meinem Herzen - noch mehr Angst, vor irgendetwas anderem. Da stand er nun, die Finger der rechten Hand voll von Resten meines klebrigen Angst-Schaums, und grinste mich an.

"Willst du dir nicht dieses Zeug von den Händen waschen?", fragte ich. Er zeigte auf den Boden. (In den inneren Orten, an denen ich den Schutzengel treffe, spiegelt der Fußboden oft die wahre, wesentliche Beschaffenheit der Welt wider.) Er war über und über mit dieser Masse überzogen. "Der Mensch lebt in einem Meer der Angst. Und er muss versuchen, von dort ins Meer der Liebe zu gelangen." Abermals lächelte er mich an. Es ist also völlig sinnlos zu versuchen, jedes Stückchen Angst auszumerzen. Sie ist überall - bis wir im Meer der Liebe sind, wo sie schließlich verschwinden wird.

Den Pfad gehen

Manchmal halte ich meine Ideen für größer und spannender als die Vorschläge des Schutzengels, die oft sehr alltagsnah sind. Ich will hoch hinaus - und das sofort. Doch dem inneren Lehrer ist es oft wichtiger, mir grundlegende Dinge, wie zum Beispiel Geduld, beizubringen.

Eines Nachts sah und hörte ich im Traum folgende Geschichte, die wie ein Film oder eine Fernsehreportage wirkte. Es wurden Bilder gezeigt, und ein Erzähler sprach. Gleich beim Aufwachen habe ich seinen Text wörtlich in mein Traumheft übernommen:

Über karges Land zieht ein kleiner Treck ausgehungerter Menschen. Ich weiß, es sind Menschen, die ehemals Schüler ihres Schutzengels waren. Vielleicht hielten sie sich noch dafür, aber vor einiger Zeit hatten sie aufgehört, auf ihn zu hören. Sie hielten andere Ideen für heiliger und erstrebenswerter. So wurde aus einer kurzen Besorgungsfahrt eine mehrwöchige Reise Richtung 'Gelobtes

Land'. Vielfältiger Mangel wurde ihr Führer. Aber der Lehrer verließ sie nie.

Eines Tages kommt eine der Reisenden an einen Teich. Sie will nur trinken, aber die Fülle und der Glanz der Wasseroberfläche, in der sich der Himmel spiegelt, scheint sie an etwas zu erinnern. Vage. Sie setzt sich an den Teichrand und schaut nur hin. Minuten, oder eine ganze Stunde lang. Eine Seerose schwimmt im Wasser, die sie erst jetzt, in der Ruhe, bemerkt.

Andächtig pflückt sie die Blume - und ihr Herz öffnete sich wieder für die wahre Lehre, die einfache Lehre.

Eiserne Disziplin

Zum spirituellen Weg gehört Selbstdisziplin. Ich habe lange gebraucht, sie mir anzueignen. Aber wie so oft, wurde es hier des Guten zu viel, denn ich vergaß meine Flexibilität und Lebensfreude. Der Schutzengel erschien mir daraufhin in einer meiner

Kontemplationen und brachte mich mit zwei prägnanten Sätzen wieder auf den Weg der Mitte:

"Eiserne Disziplin kann dich nicht in den Himmel bringen, aber in die Nervenklinik", sagte er lapidar. Und drei Tage später erklärte er mir, dass unterschwellig mehr Stress in mir fließe als mir bewusst sei. Mentale Disziplin sei hier kein Heilmittel:

"Es ist nicht wichtig, wie fest du den Deckel draufhalten kannst, sondern dass du den Krieg befriedest."

Ich bin dankbar, einen Freund zu haben, der mich so gut kennt und berät.

Erkenntnisse über Schutzengel

- Ein Schutzengel ist in erster Linie ein innerer Lehrer. Natürlich ist er auch zu Ihrem Schutz da, wenn Sie es zulassen.
- Wie jeder Mensch träumt, so hat auch jeder Mensch einen Schutzengel. Der Unterschied liegt im Vermögen, sich zu erinnern und ihn wahrzunehmen.

- Ihre Wahrnehmung trainieren Sie mit kontemplativen Übungen oder dadurch, dass Sie Ihren Träumen jede Nacht Aufmerksamkeit schenken.
- Ein Schutzengel kann viele Schüler unterrichten und ist dennoch zu 100 Prozent bei jedem einzelnen. Sie und Ihr bester Freund oder Ihre beste Freundin können von derselben Seele, demselben Schutzengel geleitet werden.
- Sie können auch von mehreren Schutzengeln geleitet werden.
- Ihr Lehrer kann Sie, wenn die Zeit gekommen ist und Sie alles Notwendige gelernt haben, an einen anderen Lehrer weiterreichen.
- Der Maßstab für die Wahrhaftigkeit Ihres inneren Lehrers ist ein Gefühl innerer Freiheit und Anhebung. Was Sie mit Liebe erfüllt, ist wahr.
- Die Botschaften des Schutzengels sind immer positiv, aufbauend und von Liebe getragen. Negative Botschaften kommen aus einer anderen Quelle und sollten nicht beachtet werden.
- Der Schutzengel wirkt im Traum und am Tag. Im Traum können Sie ihm oft in persona

begegnen. Tagsüber ist er fast immer unsichtbar. Sie können ihn jedoch spüren.

- Wenn Ihnen einmal schlimme Dinge widerfahren sind, kann dies vielfältige Gründe haben, zum Beispiel, dass es im großen Plan steht. Der Schutzengel lässt Erfahrungen, die notwendig sind, zu.
- Für den Schutzengel scheint nichts zu profan zu sein. Suchen Sie den Kontakt mit ihm, so oft es geht, und fragen Sie ihn, was Sie wissen möchten.
- Mit etwas Übung können Sie sich auch im Wachen klar mit ihm unterhalten, z. B. beim Autofahren. Meist hört man seine Stimme auf eine telepathische Art.
- Bei dieser telepathischen Kommunikation sollten verstandesstarke Menschen aufpassen, dass nicht irgendwann der Verstand das Gespräch übernimmt. Dies fühlt sich eher schwerfällig an und lässt sich mit etwas Übung leicht von der wahren Kommunikation mit dem Engel unterscheiden. Auch am Inhalt lässt es sich erkennen: Was Sie anhebt und glücklich stimmt, ist wahr.

- Im Traum tritt der Schutzengel oft in Verkleidung auf. Mein Schutzengel ist männlich und scheint um die 55 Jahre alt zu sein. Natürlich ist das nur seine Erscheinung für mich. Aber in meinen Träumen schenke ich den Hinweisen besondere Beachtung, die mir Männer um die 55 geben: mein Klassenlehrer aus Jugendtagen, mein Vater, zuweilen ein Psychologieprofessor oder auch ein Nachtwächter oder ein Obdachloser.
- Der Schutzengel kann zu seltenen Begebenheiten auch in Ihrem physischen Leben erscheinen. Häufiger kommt es aber vor, dass er jemanden sendet, der für eine kurze Weile – meist ohne es zu wissen – seine Botschaft ausspricht.

Zum letzten Punkt kann ich Ihnen eine Geschichte erzählen, die mir noch heute, viele Jahre später, einen Schauer über die Haut jagt:

Ich war 17 und hatte erfahren, dass es einen Schutzengel gibt und wie man ihn besucht. Nachts traf ich ihn schon, und jeden meiner Träume, ob mit ihm oder ohne, schrieb ich genau auf. Meine Methode schien mir die größte zu sein. Mein innigster Wunsch war es, einmal einen der großartigen Schutzengel als wirklichen Menschen zu treffen, denn ich hatte gehört, dass das möglich ist.

Ich hatte zu dieser Zeit einen Schülerjob als Wächter, und auf einem Straßenfest musste ich eine Absperrung bewachen. Reichlich Zeit also, wieder einmal in Gedanken zu versinken. Nach einigen Stunden der Langeweile kam ein blond gelockter Mann auf mich zu gerannt. "Eh, kannst du mir sagen, wo Gott ist?", warf er mir hin. Ich verstand "Dott" und kramte gleich mein Walkie-Talkie heraus. "Dott, ist das einer von uns? Ich kann die Zentrale rufen, soll ich?" Hektisch zwang er sich zum langsamen Sprechen: "NEIN, ich meine GOTT. Kannst du mir sagen, wo ich den finde?" Verdattert gab ich ihm die richtige Antwort: "In deinem Herzen. Da findest du ihn."

Der blond Gelockte klopfte mir anerkennend auf die Schulter und flitzte fort. Im Weiterlaufen rief er mir noch zu: "Danke! Du hast mir sehr geholfen!" "Gern geschehen", murmelte ich und empfand ein Gefühl der Segnung. Mein Schutzengel hatte mich getestet, und scheinbar hatte ich bestanden.

Dies hatte sich nicht im Traum ereignet, sondern in der physischen Welt. Ein Schutzengel hatte mich besucht oder jemanden geschickt.

Wie sehr Traum und Kontemplation Hand in Hand gehen, wenn Sie Ihren Schutzengel kennen, zeigt das folgende Beispiel. Das Leben verschmilzt zu einer wunderbaren Kulisse für einen größeren Zweck, das spirituelle Lernen. Die Frage nach dem Sinn des Lebens ist überhaupt kein Mysterium mehr, sobald Sie mit Ihrem Schutzengel Umgang pflegen.

Der taube Schüler

Das neue Schuljahr beginnt. Unser Schulgebäude ist wie ein Palast, der mit der Natur, in der er liegt, verschmolzen ist. Die Atmosphäre ist wundervoll.

Erwartungsvoll sitze ich in der dritten Reihe, als der Unterricht beginnt. Ich nehme mir fest vor, kein Wort zu verpassen und dieses Schuljahr als bestes aller meiner bisherigen Jahre abzuschließen.

Aber als der Lehrer spricht, höre ich ihn nicht. Seine Lippen bewegen sich, und die Klassenkameraden in den zwei Reihen vor mir schreiben eifrig mit. Nur ich scheine mit Taubheit geschlagen. Ich melde mich und schildere mein Problem. Der Lehrer erwidert etwas - aber was? Dann widmet er sich weiter dem Unterricht.

Frustriert versuche ich noch einige Minuten aus dem leisen Gemurmel, das mein Ohr erreicht, als wäre es ein seichter Wind, etwas herauszulesen, aber vergeblich.

Vorzeitig verlasse ich die Klasse und trauere über meinen missglückten ersten Schultag. Auf diese Weise werde ich das ganze Jahr nicht bestehen.

Die nächste Stunde wäre Sport gewesen. Da ich sicher auch dort nichts hören würde, mache ich es auf eigene Faust. Ich schnappe mir Skier und Stöcke und fahre bis spät in den Abend Ski. Das löst ein wenig von der Bitterkeit in meiner Magengrube. Ich war doch so ambitioniert - was war nur schief gelaufen?

Damit wache ich auf. Es ist mitten in der Nacht, ich schreibe den Traum im Halbschlaf auf. Dieser Schultraum hatte nichts mit der Schule meiner Jugend zu tun, in der ich mich mehr gequält als amüsiert hatte. Diese Schule schien spirituelle Weisheit und innere Erfüllung in einem Maße zu versprechen, dass ich mich vor Sehnsucht fast verzehrte. Und so gehe ich in eine leichte Kontemplation und bitte den Schutzengel inständig: "Bitte gib mir diesen Traum noch einmal, mit Ton."

"Es gibt ihn nicht mit Ton", erwidert er.

Das macht mich fassungslos. Ich dachte, ich hätte einen Fehler gemacht, um in eine solche taube Situation zu kommen. Was sollte mir das sagen?

"Denke nach", sagt der Schutzengel und meint, ich solle die Antwort erspüren (mit Denken hat diese Art von Traumverständnis nichts zu tun).

"Ich höre nichts, weil ich nichts hören soll?", rate ich. Der Lehrer nickt. Dann ist die Bedeutung klar: Auf dieser Stufe meiner spirituellen Entfaltung geht es nicht wie bisher um das Zuhören. Ich soll experimentieren.

Gibt es so etwas wie Wiedergeburt?

Gibt es ein Leben nach dem Tod, eine Wiederverkörperung auf der Erde und dadurch auch eine lange Kette bisheriger Existenzen? Ich glaube schon. In der Kontemplation sah ich bereits einige Szenarien, die mir wie frühere Leben schienen. Sie hatten dieses Flair von alter Zeit. Einige davon lösten sogar Rätsel der Gegenwart, wie in diesem Erlebnis:

Ich wohnte zur Miete und zahlte regelmäßig und pünktlich. Außerdem musste ich alle zwei

Wochen vor der Türe kehren, was ich, wenn auch nicht begeistert, doch zuverlässig erledigte. Ich hörte damals wie heute keine zu laute Musik und verhielt mich auch sonst so gut wie unsichtbar. Darum war ich sehr erstaunt, als meine Vermieterin mich eines Tages unvermittelt anfuhr: "Ach Sie! Ihnen habe ich doch noch nie getraut!" In ihren Augen schimmerte einerseits Sympathie, andererseits Wut. Alles Nachfragen brachte keinen Grund für dieses Verhalten zutage. Unvermittelt und für unsere Gegend völlig unüblich fragte sie dann: "Was für 'ne Religion haben Sie eigentlich?" Und mit einem "Hab ich's doch gewusst", quittierte sie, dass ich nicht wie sie katholisch war.

Am nächsten Tag war der Ausbruch schon wieder vorbei, und sie war so wie immer – recht freundlich, ein bisschen hochmütig, einfach eine nette, ältere Dame. Aber meine Verwunderung blieb. Was hieß denn das, Sie hätte mir noch nie getraut?

Auf Fragen, die mich nur am Rande interessieren, bekomme ich im Innern immer am schnellsten meine Antworten. Hier geschah es noch am selben

Tag. Ich ging in die Kontemplation und fragte spaßeshalber den Traummeister: "Was hat sie denn eigentlich?" Und schon entfaltete sich eine Szene vor mir, die ich mir in dieser Form nie hätte denken, geschweige denn ausdenken können. Ich sah die Bilder, und ein Erzähler sprach dazu:

Ich bin ein junger Mann in einem großen Kloster. Ein anderer junger Mann ist da - ich weiß, dass er in diesem Leben meine Vermieterin ist. "Ihr wart Freunde", erklärt die Stimme - "nicht die Art von Freunde, die füreinander alles tun würden, aber in der Not zusammengeschweißt, die einzigen eures Alters in diesem Kloster." Ich sehe uns beide in der Schreibstube arbeiten. Ich glaube, ich male da an einer Bibel. Das Herz geht mir auf, diese Arbeit habe ich wohl sehr gemocht. "Du hast begonnen, die Exegese, die Auslegung der Heiligen Schrift, anders zu betreiben", sagt die Stimme. Du wolltest in den Worten eine andere Bedeutung finden, als die, die der Abt vorgab. Das war sicherlich ein Verbrechen nahe der Ketzerei. Ich kenne meinen Freund - er wollte ein sicheres, ruhiges Leben. Bereit zu arbeiten, aber keinesfalls bereit zu irgendwelchen Abenteuern. Und ich kenne mich – seit jeher so wissbegierig, dass es wehtat, wenn ich nicht die passenden Antworten finden konnte. "Wir haben es geschworen!", ereifert sich mein Freund und spielt damit auf den Eid an, den wir vor Jahren als Kinder dem Kloster geleistet hatten. Etwas in der Art von "Gott und der Kirche immer zu gehorchen". "Ich gehorche doch", rechtfertige ich mich, "aber auf meine Weise!" Ich wollte nach der tieferen Wahrheit suchen.

Für meinen Freund war dies der blanke Verrat. Gesegnet mit Genügsamkeit, konnte er nicht verstehen, dass ich aus reinem Wissensdurst ganz neue Wege beschreiten **musste**. *Für ihn war klar: Als wir beide als Zehnjährige ins Kloster eintraten und unseren Treueschwur leisteten, hätte ich schon damals mit voller Überzeugung gelogen. Ich hätte schon damals geplant, eines Tages ungehorsam zu sein. Ich war seiner Meinung nach von Anfang an ein Verräter gewesen.*

Als ich zurückkehrte aus diesem Abenteuer in den inneren Welten, lag ein breites Grinsen auf meinem Gesicht. Ja, das war genau die Art von liebenswerter Egozentrik, die die gute Seele auch heute noch zur Schau trägt. Und ich konnte sie von Herzen lieben, wie sie war.

Sind solche Erfahrungen Einbildung? Ich kann nicht das Gegenteil beweisen, aber ich glaube es nicht. Es fühlt sich real an. Und einige Sätze wie "Du hast begonnen, die Exegese anders zu betreiben" sind einfach nicht meinem Wortschatz entnommen. Außerdem versinke ich oft so tief in die Kontemplation, dass es wie eine Trance ist. Die Bilder und Sätze und Wortfragmente fließen einfach. Mein bewusster Verstand ist ganz still im Hintergrund und zeichnet so viel wie möglich auf. Ansonsten ist er inaktiv.

Ich glaube wirklich nicht, dass diese Dinge Einbildung sind. Sie mögen verzerrt oder abgeschwächt sein, wenn uns eine Erfahrung zu sehr schockieren würde - ganz wie bei den Träumen -, aber wenn Sie das kontemplative Reisen einmal ausprobieren, werden Sie zustimmen, dass es mit Phantasie nichts zu tun hat.

Interview mit einem Schutzengel

Zum Abschluss dieses Kapitels wollte ich unbedingt den Schutzengel selbst zu Wort kommen lassen. Ich bat ihn um ein Interview - und er stimmte zu. Ich legte mich also auf die Couch, schloss die Augen und wir führten ein ganz einfaches Gespräch.

Jörg: Hallo. Ich möchte dich jetzt gern interviewen.

Schutzengel: Fühlst du dich wohl? Liegst du bequem für dieses große Ereignis?

J: Ich weiß nicht ...

S: Gut. Endlich akzeptierst du mal unvollkommene Ausgangssituationen. Du musst lernen, dass Großes aus Ungeordnetem geboren wird. Also, fangen wir an.

J: Wie würdest du deine Aufgabe beschreiben?

S: Als Führer auf dem Weg für Seelen, die von Gott kommen und zu Gott zurückkehren. Sie brauchen einen, der den Weg schon mal gegangen ist. Eine deiner späteren Geschichten, die du noch in petto hast, zeigt ja, dass eines Tages jede Seele diese Rolle übernehmen kann. (Gemeint ist die Geschichte *Schutzengel für einen Tag,* letztes Kapitel.)

J: Was sage ich meinen Lesern, wenn sie fragen, wie man dich in persona treffen kann?

S: Der Mensch sucht nach Beweisen. Als Beweis kann nur die innere Leichtigkeit gelten, die du zum Beispiel im Solarplexus fühlst, wenn du mich triffst. Wenn sie kontemplieren und Antworten erhalten, mit denen sie nicht gerechnet hätten, dann ist das ein Beweis, dass das Gespräch nicht nur Einbildung war.

J: Was würdest du einem Bewohner dieser Erde raten, der ein glückliches und spirituelles Leben zum Wohle aller lebenden Wesen führen möchte?

S: Arbeite täglich an deinem Traumverständnis. Manchmal, wenn alles ganz leicht läuft, dann scheint es viel wichtigere Dinge zu geben als die feinen spirituellen Künste, die ja ohnehin funktionieren. Zum Beispiel wird Geldverdienen wichtiger. Aber es ist wie im Bild von den Vögeln am Himmel und den Lilien auf dem Felde, das Jesus gezeichnet hat (in Matthäus 6, 24-34): *Sorgt euch zuerst um euer Verhältnis zu Gott, und der Rest kommt danach.*

J: Ich muss jetzt Schluss machen, sonst kann ich mir nicht alles merken.

S: Du wirst dich an alles erinnern. Ich liebe dich.

3. Kapitel
Das Ego und der Verstand

Dieses wichtige Thema benötigt, obwohl es kurz ist, ein eigenes Kapitel.

Der Verstand - vergöttert und verhasst.

Ich saß heute am Computer und spielte Spider-Solitär. Mein Herz war schwer, weil ich emotionale Verletzungen erlitten hatte. Aber die Präsenz meines Schutzengels hüllte mich ganz ein. Langsam taute ich aus meiner Ich-Bezogenheit auf und nahm Kontakt mit ihm auf. Währenddessen legte ich weiter meine Solitär-Patiencen am Computer.

Mein Schutzengel bestätigte, was ich zuvor gehört hatte: Emotionale Verletzlichkeit kommt von einem starken Ego. Wer sein Ego dem göttlichen Fluss der Dinge übergibt, leidet nicht. Dies ist Demut in dem Sinne von "Vertrauen, dass Gott für mich sorgt."

Im Spider-Solitär gibt es Situationen, in denen ich entweder die eine oder die andere verdeckte

Karte auftun kann. Eigentlich ist es ein taktisches Spiel, aber dies ist das Zufallsmoment darin. "Welche soll ich nehmen?", fragte ich meinen Schutzengel. "Kombiniere", sagte er. Und tatsächlich - anhand der aufgedeckten Karten konnte ich herleiten, dass mit hoher Wahrscheinlichkeit unter beiden verdeckten Karten die benötigte Sieben liegen würde.

Zweimal ging das so, immer gab mir mein Schutzengel einen Tipp, aber einen, auf den ich selbst hätte kommen können. "Ich mache keinen Hellseher aus dir", sagte der Lehrer, "ich möchte, dass du es selbst kannst."

Wo wir gerade so gut im Gespräch waren, brachte ich noch ein anderes Problem auf den Tisch. Ich war eingeladen worden, eine Studienklasse über kontemplatives Reisen zu halten, was mich sehr reizte. Aber ich bin schwach in Vorbereitung, und unter Termindruck zu arbeiten, macht mich krank. Ich erhoffte mir vom Schutzengel eine Antwort wie "Es wird alles gut", oder "Ich habe etwas anderes mit dir vor." Als ich aber fragte: "Soll ich zusagen, diese Klasse zu leiten?", sagte er nur: "Weiß nicht."

"Wie, 'weiß nicht'?"

"Was meinst *du* denn?"

"Ich weiß es nicht. Einerseits möchte ich, andererseits weiß ich nicht, ob ich nicht wieder drei Tage vor dem Termin in Stress gerate."

"Wenn du es nicht weißt, weiß ich es auch nicht."

Schweigen.

"Kannst du mir sagen, wie ich es herausfinde?"

"Was meinst du denn? Hast du eine Idee, wie du es herausfinden kannst?"

"Ich könnte das Konzept jetzt schon erstellen und erst zusagen, wenn es steht. Dann sehe ich vorher, ob ich es schaffe. Wenn ich es nicht schaffe, sage ich ab."

Das klang einleuchtend für mich, fühlte sich aber nicht so an. Der Lehrer schwieg.

Aber er sandte mir etwas, eine Art Entspannung - und jetzt konnte die Intuition den fehlenden Teil finden. Plötzlich leuchtete es mir ein, und ich sagte: "UND ich setze mir einen

Termin. Wenn ich bis dahin nichts gemacht habe, mache ich auch später nichts. An dem Termin sage ich zu oder ab, je nachdem."

Mein Schutzengel strahlte mich an und sagte: "Genau so machst du es."

Die Lektion, die für mich in diesen Erlebnissen lag: Gebrauche deinen Verstand.

Das klingt vielleicht banal. Aber viele spirituelle Studenten, mich eingeschlossen, sind versucht, all ihre Entscheidungen an den inneren Meister zu delegieren. Der Intuitionsblitz, der ihnen dann kommt, bringt die Entscheidung über Ja oder Nein. Später ist es nur noch ein Gefühlsblitz, später nur noch irgendein Blitz, ein Zucken, das zu einer Entscheidung führt. Immer glaubt man, vom Schutzengel Anweisung erhalten zu haben, aber das wird zunehmend zweifelhaft.

Anweisungen, innere Gefühle, etwas tun zu müssen, spontane Handlungen aus unerklärlichem Anlass sind Werkzeuge unserer Schutzengel. Aber sie setzen sie selten ein. Das macht es so schwierig zu unterscheiden. Der beste Maßstab ist für mich der Satz, den ich heute hörte: "Ich mache dich nicht zu einem Hellseher." Mit anderen Worten: Eine inspirierte Lösung sieht im Nachhinein immer so aus, als ob man auch mit gesundem Menschenverstand hätte darauf kommen können.

Der Verstand ist ein guter Diener, aber ein schlechter Herr.

Der Verstand ist ein schlechter Herr, aber ein guter Diener.

Je nachdem, ob Sie den Verstand eher vergöttern oder eher verteufeln, lesen Sie einen der beiden Sätze. Wenn Sie mit der westlichen Wissenschaft der Meinung sind, dass alles rational erklärbar ist und Intuition in Entscheidungen nichts zu suchen hat, erinnern Sie sich daran, dass der Verstand nur ein Werkzeug unter mehreren sein sollte. Nicht der Herr.

Wenn Sie Ihren Verstand aber am liebsten ablegen würden, weil er mit seinen Zweifeln und seiner Kleingläubigkeit ein Hindernis auf Ihrem spirituellen Weg zu Glück und Fülle darstellt, sehen Sie ihn als einen guten und nützlichen Diener. Denn wenn Ihre Entscheidungen nicht mehr auf gesundem Menschenverstand fußen, bekommen Sie unnötige Schwierigkeiten.

Das Ego weiß es genau

Ein noch größeres Hindernis auf unserem Weg zu spiritueller Weisheit stellt das Ego da, das in unserer Kultur vorwiegend vergöttert ("Ich kann alles erreichen, wenn ich nur arbeite/ daran glaube/auf Erfolgskurs bleibe") und unter spirituellen Suchern oft verteufelt wird. Das Ego ist unser Ich-Bewusstsein. Wenn es außer Kontrolle gerät, lässt es den ganzen Menschen den ganzen Tag lang nur nach zweitrangigen Dingen streben, wie nach Anerkennung oder Macht.

Stellen Sie sich als ein Kind vor und Ihren Schutzengel als Erwachsenen, Ihren Lehrer. Sagen Sie noch einmal: "Ich kann alles erreichen, wenn ich nur positiv denke." Ihr Schutzengel wird lächeln. Sie werden spüren: Das ist gar nicht die Frage. Die Frage ist: "Was möchtest du, das ich tue?"

Das Ego sieht sich am Ende der Wegstrecke. Nur noch den Streckenabschnitt, den ich sowieso schon kenne, dann habe ich die Erleuchtung erreicht. Das Ego weiß im Voraus, was kommen wird. Das Ego weiß, dass es besser ist als andere (und zählt dazu Gründe, eigene Stärken auf). Das Ego meint, schon alles zu kennen. Darum ist es so gefährlich: Wenn unser innerer Lehrer mit einer totalen Neuigkeit kommt, tut das Ego sie ab, denn sie passt nicht ins Konzept. Je stärker das Ego, desto beschwerlicher ist es demnach, eine neue Wahrheit zu akzeptieren.

Tückisch: Auch übermäßige Bescheidenheit ist oft Zeichen eines überdrehten Egos.

Depression ist Zeichen eines krankhaft gesteigerten Egos. Natürlich nicht jede Depression, aber wenn Sie an Depressionen leiden und soeben wütend an die Decke gegangen sind, ist es ein

Indiz. Das "andersherum gedrehte" Ego macht den Menschen schüchtern und klein, er ist immer in der Haltung "habt-mich-lieb, ich-bin-so-schwach". Doch wenn man diese Menschen und ihr Selbstbild in Frage stellt, sind sie plötzlich wie eine Furie und gar nicht mehr schwach. Ich weiß das, denn ich bin selbst so einer ...

Wie heilen Sie nun ein überdrehtes Ego? Nur mit Liebe. Mit Ihrer eigenen Liebe wohlgemerkt, nicht mit der Liebe anderer Menschen. Das Ego schrumpft auf seine normale Größe, wenn es Liebe erfährt. Sie haben eine unversiegbare Quelle der Liebe in Ihrem Inneren - Ihren Schutzengel. Öffnen Sie jede Pore Ihres inneren Körpers, um sich von dieser Liebe durchfluten zu lassen. Kämpfen Sie gegen nichts an. Wissen Sie einfach, dass es gut wird. Glauben Sie an sich, laufen Sie nicht in Sack und Asche herum, aber überschätzen Sie sich auch nicht, denn im Vergleich zu Gott bleiben Sie immer ein Kind.

Tipps zur Heilung von Ego und Verstand:

- Wenn Sie sich das nächste Mal sagen hören: "Das ist ja lächerlich!", halten Sie inne. Kontemplieren Sie über diese lächerliche Behauptung oder Tat. Drehen Sie den Gedankengang hin und her, und finden Sie das Körnchen Weisheit, das darin steckt.
- Bitten Sie Ihren Schutzengel, Ihnen einmal am Tag etwas zu zeigen, an das Sie nie geglaubt hätten. Lernen Sie, neugierig wie ein Kind zu sein.
- Schauen Sie sich den Menschen an, den Sie am geringsten schätzen. Ein Schwächling, ein Möchtegern vielleicht, oder ein Großkotz, ein Machtmensch. Denken Sie sich in seine Schuhe, in sein Leben. Würden Sie anders fühlen, anders handeln? Wirklich? Wo würden Sie genauso fühlen wie er? Wenn alles nichts hilft, stellen Sie sich beide als Seelen, als Lichtfunken Gottes vor. Spüren Sie, wie er auf seine Weise, aber im gleichen Maß göttlich ist wie Sie.

- Geben Sie Ihr Ego ab an Gott. Sie bekommen es augenblicklich zurück, aber es dient jetzt dem höheren Willen.

Arznei für das Ego ist Neugier. Natürlich nicht die Neugier, die fragt, was der Nachbar gerade tut, sondern Neugier darauf, was es noch alles gibt. Seien Sie sicher, dass Ihnen Ihr Schutzengel jede Woche etwas anderes zeigen kann, auf das Sie nie gekommen wären. Neugier ist der Heiler.

Die wenigsten Menschen kennen ihre Bestimmung. Selbst wenn Sie einen engen Kontakt zu Ihrem Schutzengel haben, wird er Ihnen vermutlich nur punktuelle Einblicke in Ihr Schicksal geben. Die wichtigsten Richtlinien sind: Sie können alles erreichen, was Sie sich wünschen - und noch mehr.

Wenn es Ihr Ziel ist, reich zu werden, wird Ihnen Ihr Schutzengel vermutlich auf diesem Weg helfen. Sie werden einen gewissen Reichtum erringen, der Ihnen vorher verschlossen war. Auf dem Weg dorthin werden Sie auch Räume Ihres

Bewusstseins über sich selbst erschließen, die Ihnen vorher nicht zugänglich waren. Schließlich werden Sie feststellen, dass Sie nicht nur mehr Geld in der Brieftasche haben, sondern sich auch im Herzen reicher fühlen.

4. Kapitel
Ein Leben wie ein Traum

Wenn Sie irgendein aufrichtiges Ziel haben, wird es Ihr Lehrer benutzen, um Ihnen zugleich etwas über Sie selbst zu zeigen. Darum ist es gut, immer mal ein oder zwei weltliche Ziele zu haben, während Sie mit Ihrem Schutzengel arbeiten.

Die spirituellen Ziele, die Ihnen gesteckt sind, erfüllen Sie dann fast unbemerkt. Solche Ziele können sein: Ein Gespür für die Liebe Gottes zu entwickeln, glücklich zu sein, zu lernen, wann man anderen hilft und wann nicht, Mut und Abenteuergeist zurück zu gewinnen, Vertrauen ins Leben aufzubauen, die Angst vor dem Tod zu verlieren.

Glücklich zu sein ist eine meiner Lektionen. Indem mir mein Schutzengel etwas über mich selbst erzählte, zeigte er mir, wie ich Trauerkloß endlich ein glücklicher Springinsfeld werden kann. Ich nehme an, das würde seinen Arbeitsalltag mit mir sehr vereinfachen ...

Den folgenden Traum hatte ich mit etwa 20 Jahren. Er zeigte mir, auf welche Weise ich glücklich werden kann - und auf welche nicht. Es ist wichtig zu wissen, wie wir gestrickt sind. Sonst sind unsere Bemühungen um Glück vergebens.

Führerschaft

Es ist Krieg. Mit zehn anderen Leuten sitze ich in einem abgedeckten Karren. Wir werden aus dem Kriegsgebiet geschmuggelt. Hier drinnen ist es eng, aber sicher. Irgendwann halte ich es nicht mehr aus. Ich klettere aus dem Versteck heraus und gehe zu den Führern, die den Wagen ziehen. Ich biete an mitzuhelfen und diene fortan als Pfadfinder durch die zerbombte Landschaft. Es geht jetzt auch viel schneller voran, aber vor allem kann ich aufrecht stehen und aufrecht gehen. Ich bin für meine Gefährten von Nutzen. Das Glück über die wieder gewonnene Freiheit wiegt die Gefahr vielfach auf.

Nach diesem Traum wusste ich, dass ich unglücklich sein werde, solange ich nicht selbst meinen Beitrag beisteuern kann. Das Dienen selbst macht mich glücklich.

Unsere menschlichen Ziele, unsere Wünsche und unsere Sehnsüchte, die ja von der Seele kommen, ziehen mit unserem Schicksal, also mit dem, was der Schutzengel mit uns vorhat, an einem Strang. Notfalls geschieht ein Wunder, damit wir auf unserem Weg vorankommen, wenn es auch meistens normale harte Arbeit ist. Ich möchte Ihnen drei Träume erzählen, die mich auf dem Weg voran schoben, der für mich bereitet ist.

Eine zweite Chance

Dieser Traum war so real, dass ich ihn als wirkliches Wunder sehe:

Ich bin 50 Jahre alt. Ich blicke zurück auf mein bisheriges Leben: Ich hatte nie etwas gewagt. Ich sitze in einem langweiligen Leben, das so bedeutungslos ist, als hätte ich nie gelebt. Schmerzhaft deutlich sehe ich die vielen Wegkreuzungen, an denen ich hätte mutig sein können, mich aber stets für den sicheren Weg entschieden habe. Ich dachte, klug gewesen zu sein, nun aber sehe ich, dass ich das Leben vermieden habe, anstatt es auszukosten.

Aus ganzer Seele flehe ich zu Gott: "Gib mir noch eine Chance!"

... und ich wache auf als 25-Jähriger.

Der Schreck saß mir noch tief in den Gliedern, als ich diesen Traum aufschrieb. Er war so real, dass ich fast meinte, Gott hätte tatsächlich das Rad der Zeit für mich zurückgedreht. Ich war wirklich 25 und hatte zwei Erinnerungen: Wie ich eben noch in mittleren Jahren war und wie ich ein Jugendlicher war.

Ich wähle heute nur noch den jeweils viel versprechendsten Weg, egal, was ich riskiere.

Mein Traum von spiritueller Meisterschaft

Nach einigen Monaten intensiver Beschäftigung mit spiritueller Lektüre hielt ich mich schließlich für ziemlich erleuchtet - der übliche Anfänger-Irrtum. Im folgenden Traum hatte ich die Gelegenheit, dies ausführlich mit dem Traummeister zu besprechen:

Ein großer Schlafsaal mit sicher mehr als einhundert Pritschen. Auf jeder schläft angebunden und im weißen Nachthemd ein Mensch. Meine Mitmenschen. Mühsam kämpfe ich mich aus dem Dämmerzustand hoch und erlange halbwegs klares Bewusstsein. Verschwommen sehe ich einen Mann zwischen den Reihen. Es ist mein Schutzengel. Er wartet, dass ich aufwache. "Was ist los?", krächze ich. Und er flüstert: "Ihr seid alle unter Drogen. Versuche, klar zu werden." Mühsam kämpft mein Bewusstsein darum, den dämmrigen Schleier beiseite zu schieben. Auch darum, wieder die Herrschaft über meinen Körper zu erlangen. "Warum?", denke ich mehr, als dass ich die Frage aussprechen kann. Mein

Schutzengel erklärt mir, dass im Grunde alle Menschen Gefangene der negativen Kraft sind. Er warte darauf, dass jemand aufwacht, damit er ihn befreien kann.

Ich löse meine Fesseln und springe auf meine Pritsche. Ich halte eine aufrüttelnde Rede, die alle Mitgefangenen weckt und auf meine Seite bringt. Jubelnd schließen sie sich meiner Revolte an. - So weit meine Phantasie. Tatsächlich bringe ich es mit Mühe zustande, meinen rechten großen Zeh und danach die Finger meiner linken Hand zu bewegen. Meine Rede muss vorerst mit einem einzelnen Krächzlaut auskommen.

"Werde weiter wach", flüstert der Meister mir zu, und gibt mir von Herz zu Herz das Versprechen, über mich zu wachen und mich in die Freiheit zu bringen, sobald ich dazu bereit bin. Dann scheint er wieder durch die Reihen zu gehen, immer auf der Suche nach weiteren Komatösen, die durch eine Regung verraten, dass sie langsam aufwachen.

Das war die Antwort auf meine Frage: "Was ist eigentlich noch der Unterschied zwischen mir und einem spirituellen Lehrer?"

Die "Drogen" symbolisieren Ärger, Ängste, unverziehenes Unrecht, tatsächliche Drogen und ähnliche Dinge, die uns unserer Flügel berauben. Wenn wir diese Schwachstellen ausbessern, z. B. Angst durch Gottvertrauen und Mut ersetzen, Ärger durch die Neugier auf unkonventionelle Wege und alles andere durch Vergebung und den Willen zur Liebe, erringen wir ein klares Bewusstsein.

Eines dieser Dinge, die uns betäuben, ist natürlich auch übermäßige Eitelkeit. Zum Beispiel der Eitelkeit, sich schon viel weiter gewachsen zu sehen, als man tatsächlich ist. Davon hat mich der Traum ganz liebevoll geheilt.

Im Interview im vorherigen Kapitel versprach der Schutzengel, dass jede Seele in der Lage sei, eines Tages selbst ein Lehrer zu sein. Sicher ist dies für manche von uns auch tatsächlich der höhere Zweck unseres Daseins auf der

Erde - diese Art von Ausbildung zu erhalten. Andere Ausbildungsziele könnten z. B. das Heilen oder die Künste umfassen. Wir sind eingebettet in die aufrichtige und bedingungslose Liebe eines Lehrers, der Freund, Schutzengel und Mentor in einer Person ist. Und der uns zu einem Ziel führt, das nur er kennt und das wir kaum erahnen können.

Schutzengel für einen Tag

Im folgenden Traum ließ mich der innere Meister seinen Beruf ausführen.

Ein Hotelzimmer. Im Bett liegt ein Mann. Vor dem Bett steht eine Frau. Die Atmosphäre ist düster, wie vernebelt oder von Zigarettenrauch erfüllt. Für die beiden Menschen nicht sichtbar, sind noch zwei weitere Wesen im Raum. Ein Agent der negativen Kraft hinter dem Mann. Ich in meinem Seelenkörper stehe hinter der Frau. Wenn wir sprechen, hören es die Menschen ein wenig - es klingt für sie wie ihre eigenen Gedanken oder ihre

Intuition. Ich weiß, dass ich deshalb nicht viel sagen darf - um meinen Schützling, die Frau, nicht zu manipulieren. Der Agent der negativen Kraft ist nicht so zimperlich mit ihrem Freiraum und redet auf sie ein.

Es liegt eine sexuelle Forderung im Raum. Der Mann möchte, dass die Frau mit ihm schläft. Aus meiner Perspektive ist er ganz benebelt und agiert als willfähriges Sprachrohr des negativen Wesens hinter ihm. Die Frau möchte es nicht, aber sie ist zu schwach, um nein zu sagen. Der Nebel im Raum vernebelt jetzt auch ihre Gedanken. Die Sexualität, die im Raum schwebt, übt einen sonderbaren Magnetismus auf sie aus. Und mein Konterpart flüstert dem Mann beschwörende Sätze ins Ohr, die er für sie ausspricht. Sätze in der Art wie: "Du wirst hinterher froh sein. Es ist richtig, glaub mir", und ähnliche unbewiesene Behauptungen.

In der Seele weiß man viele Dinge, ohne dass sie einem gesagt werden müssen. Ich wusste, dass ich hier war, um die Selbstbestimmung dieser

Frau zu schützen. Sie war in einem benebelten Zustand (der normale Zustand des Menschen auf der Erde - nur von oben sieht er wie halb betrunken aus; wir wissen einfach unseren Weg nicht). Ich durfte sie nicht manipulieren.

Ich flüsterte ihr zu: "Du musst es nicht tun. Du bist frei. Du kannst frei entscheiden. Was der Mann sagt, ist nicht bewiesen." All diese Sätze waren nicht manipulativ, denn sie stärkten sie selbst als Seele, als freies, selbstbestimmtes Wesen.

"Ich will nicht!", brachte sie hervor. "Komm, lass uns hinausgehen", schlug ich ihr vor. Sie verstand wahrscheinlich nur "hinausgehen", denn sie sah ja nur den Mann und sich, wir beiden anderen Wesen blieben ihr unsichtbar. Ich verströmte ein Gefühl der Geborgenheit zu ihr, damit sie sich nicht so allein fühlte, und begleitete sie hinaus aus dem Hotel.

Draußen wehte ein kühler Wind klare Winterluft in ihr Gesicht. Sie atmete durch und wurde wieder klarer. Der Bann, den der Agent der negativen Kraft mittels des Mannes um sie gelegt hatte, war endgültig gebrochen.

In dieser Lektion des Schutzengels ging es um den freien Willen. Der freie Wille ist unser größtes Gut. Unsere Schutzengel helfen uns, ihn zu bewahren, aber wegen des freien Willens liegt es natürlich an uns, ob wir dies zulassen.

Ihr Schutzengel ist bei Ihnen. Die drei Techniken der Kontemplation, des Traumes und des inneren Dialoges helfen Ihnen, ihn wahrzunehmen und mit ihm zu sprechen. Aber er ist bereits jetzt an Ihrer Seite, schon immer, und lenkt, wenn Sie es zulassen, Ihre Schritte. Er kann Ihre Sehnsüchte stillen. Ob Sie wissen möchten, was nach dem Tod geschieht, was der persönliche Sinn Ihres Lebens ist, wie Sie ein hartnäckiges Alltagsproblem lösen oder eine Beziehung aufbauen – Ihr Engel ist für Sie da, als Berater, Lehrer, Freund und Heiler.

Die göttliche Aufgabe, die er dabei verfolgt, die Befreiung der Seele, liegt jenseits der Worte und passt nicht in dieses kleine Büchlein. Aber er wird sie Ihnen zeigen, wenn Sie neugierig sind.

Ich wünsche Ihnen Neugier und Abenteuerlust im Übermaß.

"Blick in dein Inneres!
Da drinnen ist eine Quelle des Guten,
die niemals aufhört zu sprudeln,
wenn du nicht aufhörst nachzugraben."

Marc Aurel

Nachwort

Zwei Jahre sind vergangen, seit die erste Version von "So treffen Sie Ihren Schutzengel" erschienen ist. Das Buch hat zumindest mein Leben von Grund auf verändert, was mir damals noch nicht klar war. Von der Widmung an, die damals "für meine liebe Frau" lautete, bis zum letzten Satz des Buchrückens "Des Menschen Durst nach Liebe wird erst an der inneren Quelle vollständig gestillt" prüfte mein Engel alles ab, was ich für wahr hielt - und weniges hielt stand.

Das Erste, was zerbrach, war die Beziehung, die über viele Jahre alle Krisen bewältigt hatte. Sie zerfiel innerhalb weniger Tage ohne Ankündigung.

Das Zweite, was verloren ging, war mein ohnehin eher brüchiges Geborgenheitsgefühl, das mir geholfen hatte, in dieser Welt zu bestehen, und schließlich zerbrach mein Bild von Gott.

Nicht weniger als acht Frauen habe ich in der Zeit kennen und lieben gelernt - und sie alle wieder verloren. Ich musste Liebe bei Gott suchen und nicht bei einer Frau. Nicht, dass das normalerweise ein Widerspruch wäre. Gott leuchtet durch die Frau zum Mann und umgekehrt, und indem ich dich liebe, liebe ich Gott. Aber für mich war es an der Zeit, den Unterschied kennen zu lernen. Ich sollte zur inneren Quelle aufbrechen, um meinen Durst endgültig zu stillen.

Die erste Beziehung war noch die längste, aber vor allem zog sich ihr Ende monatelang hin. Es ging mit uns nicht vor noch zurück, alle Mittel versagten, aber loslassen konnte ich sie nicht. In den Augen dieser Frau hatte ich Gott gesehen, und es erschien mir vom Schicksal bestimmt, dass wir zusammen bleiben sollten. Die Tage verbrachte ich im Bett und weinte.

Mein Engel war da. Mit geschlossenen Augen sah ich uns beide durch eine fremde Welt gehen. Es war eine graue Wüste, in der kein Orientierungspunkt erkennbar war. "Zone Grau", sagte mein Lehrer. "Wir werden hier einige Zeit hindurchwandern müssen. Bleib dicht bei mir, und vertrau meiner Führung. Weiche nicht ab. Dies ist der Ort, den kein Mensch ohne Führer durchschreiten kann. Man käme nirgendwo an. Es ist ein schwieriger Ort, ohne alles, was du brauchst, aber setze eben einen Fuß vor den anderen." Natürlich fragte ich, wie lange das dauern würde, aber er gab mir keine Antwort. Aus Sicht dieser Welt sei die Zeit bedeutungslos; wer rastet, kommt vielleicht nie ans Ziel.

Mit dieser Offenbarung begann eine höchst sonderbare Zeit. Zwei Jahre, in denen ich hundertmal längst erschöpft war und nur nicht aufgab, weil ich nicht wusste, wie. Wie bricht man die Durchquerung einer Wüste ab, wenn man mitten drin ist? Aber auch zwei Jahre, in denen ich das Kostbarste meines Lebens bekam - denn ich habe Gott gesehen.

Eines Tages im Wald, als ich die Stille der Natur suchte, um mich auszuweinen, fragte mein Engel: "Glaubst du eigentlich noch an

Gott?" Ich verneinte. Ich erschrak selbst über meine Antwort, denn ich definierte mich damals gerade über meine Religion. Mein Engel war mir vertraut, aber Gott selbst war mir in Wahrheit so fremd wie der Weihnachtsmann.

Der Schutzengel schickte mich ins Unterholz. "Kontempliere über Gott", sagte er, und ich suchte in meinem Innern den Fleck, der noch offen für ihn wäre. Irgendwann sah ich ES: den großen Zusammenhang, das eine Heilige, das Seelen erschuf und alles belebte. Ich sah den Zweig am Baum und hatte Gewissheit, dass er genau so hatte wachsen müssen, wie er gewachsen war, denn alles war von Bedeutung erfüllt. Das war der erste Schritt.

Einige Wochen später zerriss wieder der stetige Begleiter Einsamkeit mein Herz. Zu ihm gesellte sich die Wut der Hilflosigkeit, und ich fluchte voller Hass: erst auf die Mädchen, die mich verlassen hatten, dann auf Gott. Ich hatte es stets als lächerlich angesehen, Gott anzuklagen. Kein Wunder: Gott selbst war ja eine Phantasiegestalt.

Jetzt sah ich es anders. Das Erlebnis im Wald und was danach im Stillen in mir geschehen war, hatten ihn mir real gemacht, und eine halbe Stunde lang schrie und fluchte ich auf ihn in großem Schmerz. Ich klagte ihn an für all das Leid, das ich seinetwegen erlitten hatte - denn wollte ich nicht immer nur dem Höchsten dienen? Und für all erntete ich nur das Leid, das ich erlitten hatte, während er nichts dagegen unternahm.

Dann verebbte es, und mein Engel erklärte: Unter der Schicht von Ignoranz lag eine Schicht von Vorwurf. Beide hätte ich jetzt durchdrungen. Auch die Schicht darunter, die Enttäuschung, hätte ich durchschritten. Jetzt sei ich in Bezug auf Gott wieder da, wo ich vor Jahrhunderten gestanden hatte: Ich glaubte an ihn - und ich vertraute. Das war der zweite Schritt. Die Wut war weg. Ich war wieder ein Kind vor Gott.

Es dauerte nicht lange, da sah ich Gott. Ich ging in meiner Wohnung von einem Zimmer zum nächsten, da blickte ich aus einem Reflex heraus woanders hin. Es ist schwer zu beschreiben, aber einfach zu tun. Mein innerer Blick, die Richtung, in die ich innerlich blicke, wenn ich in Gedanken versunken bin, ist entweder geradeaus oder rückwärts gerichtet, manchmal auf mich selbst, manchmal auf ein Gespräch, das kürzlich stattgefunden hat, oder auf einen Plan, den ich mir für den Tag gemacht habe. Ich schaue auf ein Projekt oder auf meinen Engel, oder ich betrachte mich. Der Blick ist immer geradeaus, zurück oder auf mich gerichtet, irgendwie verträumt. Doch als ich ihn leicht gewendet hatte, etwa um 70 Grad nach rechts, sah ich nun Gott.

Den Blick leicht zu wenden ist die wichtigste Mitteilung dieser Geschichte. Sie können es sofort tun. Werden Sie einigermaßen still - still genug - und einigermaßen leer - leer genug - und blicken Sie dorthin, wohin Sie sonst nicht blicken. Ein wenig nach rechts. Nach innen. Gott und Seine Erleuchtung können im Augenblick geschehen. Es ist der Segen eines Moments.

Gott *saß* da, ich sah Es als ein Kind, es herrschte Frieden und war sehr still. Es *sagte* zu mir, dass Es hier schon immer gesessen habe. Ich wusste, dass mich meine lange Suche Ihm nie näher gebracht hat, weil Es schon immer nahe war. Unmittelbar bei mir, nur nicht in meinem Blickfeld. Deswegen spielte nichts eine Rolle. Die Menschen, die sich wegen ihrer Religionen bekriegten, waren so sehr im Irrtum. Aber letztlich war es gleich, weil Gott so nah ist, dass jeder Es berühren kann, jederzeit. Gott vermittelte mir das Wissen: Es hat auf mich gewartet seit Jahrtausenden. Und Es wird noch länger auf mich warten, denn Es liebt mich, ohne selbst etwas zu brauchen. Es spielt keine Rolle, wann ich mich Ihm zuwende. Ich wollte es jetzt tun. Jetzt.

"Ichich und du ist kein Unterschied", sagte das Kind, das Gott war, und dieser Satz war die magische Freiheitsformel, mit der Es mich elektrisiert zurückließ. Das doppelte Ich klang wochenlang in mir nach, ausgedrückt in Kindersprache, brachte es meine Seele zum Klingen.

So einfach war die Begegnung mit Gott, und doch fing mit ihr alles erst an.

Doch schnell verblasste der Zugang zu Gott. Ich musste einen anderen finden. Und schließlich war ich von Gottes Segnung nicht nur trunken, sondern auch unruhig, ich musste, wollte unbedingt etwas tun. Und in meinem Innern war Stille. Meine Seele war leer. Da hatte ich das Größte erreicht, was mir im Leben vielleicht vergönnt war, und ich hungerte nach Liebe wie nie zuvor.

Nicht schwer, mich in diesem Zustand wieder in ein Mädchen zu verlieben, und wieder endete es in dem Maße unglücklich, wie es voller Sehnsucht begonnen hatte. Mein Engel sagte mir später, er habe dabei gestanden, doch der Ausgang sei ihm gleich gewesen; die Begegnung mit Gott hinterlässt ein klaffendes Loch, und der Mensch, der doch nur diese Welt kennt, durchsucht sie ruhelos nach dem, was es füllen könnte. Die Frauen waren erschrocken von meinem unstillbaren Durst und wichen deswegen vor mir zurück. Aber sie hätten ihn ohnehin nicht stillen können. In meinem Herzen war für etwas ganz anderes, etwas nicht Benennbares, Platz gemacht worden. Und nur die Zeit konnte bringen, wonach es so schmerzhaft verlangte.

Einige Wochen zuvor hatte ich zum ersten Mal Heilkraft in meinen Händen entdeckt. Ich überredete meine damalige Freundin, sich hinzulegen und mir ihre Kopfschmerzen zu überlassen, die ich mit den Händen aus ihrem Kopf nahm und zu den Füßen in den Boden ausleitete (dieses Ausleiten dürfen Sie nicht vergessen, wenn Sie heilen möchten). Ihre Kopfschmerzen waren akut, doch als sie von der Liege aufstand, waren sie weg. Das gelang mir später auch bei anderen Freunden. Es war eine Gabe, die recht lange bei mir blieb.

Danach verschob sich mein Interesse auf seelische Schmerzen, dann auf seelische Traumata. Ich wusste, dass ich mich noch immer in dem Bewusstseinsbereich bewegte, den mein Engel "Zone Grau" genannt hatte. Schon damals im Wald hatte er darauf hingewiesen, dass noch fünf Jahre vergehen könnten, bis ich vollständig am Ziel angelangt sei.

"Zwei!", verhandelte ich. "Drei", gab er nach. "Zwei Jahre würdest du nicht aushalten. Es wird schon schwer genug für dich, wenn wir alles Nötige in drei Jahre pressen." So schmiedete ich, wie stets, meinen eigenen Stress.

Ein Heilverfahren nach dem anderen entdeckte ich für mich, benutzte es, und verlor wieder das Interesse. Es waren meist Versionen schamanischer oder psychotherapeutischer Techniken, die auch alle recht gute Wirkung zeigten. Aber es schien, als dürfte ich jeweils nur einen Blick darauf werfen, um dann weiterzugehen. Die Sehnsucht nach Beständigkeit wurde unbezwingbar: eine Ehefrau, ein Haus, ein Kind und nicht zuletzt eine beständige Beschäftigung, an der ich feilen und die ich zur Meisterschaft bringen konnte, vermisste ich schmerzlich.

Aber die uneingeschränkte Freiheit und die Macht, die mit ihr kam, belebten mich auf eine eigentümliche Weise. An zwei Tagen schrieb ich zehn, fünfzehn Gedichte, in einer anderen Woche ein halbes Buch. Tags darauf lag ich dann wieder danieder und brachte außer Weinen nichts zustande. Das war das Leben am Rande des Möglichen.

Einige Male kehrte ich an den Ort zurück. Einmal gab mir Gott eine Kugel und ließ mich gehen. Diese Lichtkugel war für irgendetwas, und da ich nicht unmittelbar etwas mit ihr tun konnte, fühlte ich mich zwar gesegnet, vergaß es jedoch über die Wochen.

Eines Tages, wieder mit Liebeskummer, schleppte ich mich zur Basilika, die zum Glück menschenleer war. Ich kniete mich vor den Altar und betete zu Gott. Eigentlich weinte ich nur in seinem Angesicht, und es gab mir Trost. Mein Schutzengel sagte: “Jedes Mädchen eine Mission”, und es brach mir das Herz. Ja, es war wahr, jede dieser sehr kurzen Beziehungen hatte etwas in mir erweckt, und beinahe jede meiner Freundinnen hatte auch ihrerseits etwas Wesentliches, Heilsames aus unserer Verbindung erhalten.

Ich ging vor und zündete allen, einer nach der anderen, eine Kerze an, und immer wenn ich einen neuen Docht in die Flamme hielt, verband ich es mit einem speziellen persönlichen Wunsch für das jeweilige Mädchen - ich wünsche dir Frieden; ich wünsche dir Erfüllung; ich wünsche deiner Musik Erfolg; ich wünsche dir Zuversicht und einen guten Mann und so weiter.

Und auf der Kirchenbank sah ich wieder den Ort und Gott. Es fragte mich, ob ich die Kugel weitergegeben hätte. Ich zögerte, aber mein Engel bejahte. Er erinnerte mich an zwei Texte, die ich kürzlich verfasst hatte. In sie war die Kraft geflossen.

Gott gab mir daraufhin eine größere Kugel, und ich wand mich, denn das Leben wog schwer in dieser Zeit: Eigentlich wollte ich keine neue Mission. Aber natürlich erfüllte es mich auch mit Glück und Stolz, dass ich ein Mittler sein durfte für diese enorme spirituelle Segnung, die da in dieser Lichtkugel pulsierte.

Einige Monate später war auch diese Kugel scheinbar weitergegeben, und eine dritte, die größte, wurde mir anvertraut. Zugleich stellte mir mein Engel aber auch eine Frau zur Seite, die mein Freund und Vertrauter werden sollte, so dass ich nicht mehr jeden Tag vor Einsamkeit wie gelähmt war. Jetzt konnte ich tun, was ich mir schon immer gewünscht hatte: ein Buch über spirituelles Heilen schreiben.

Morgens um 6 Uhr stand ich auf, setzte mich an den PC und schrieb wie besessen zwei Stunden lang. Danach brachte ich keine Zeile mehr zustande. Am nächsten Morgen war die Kraft wieder da. Die Nachmittage verbrachte ich mit Meditation oder mit Lesen; meine Berufe als Münzhändler und Astrologe liefen nebenher und brachten mir ein Einkommen und den nötigen Bezug zur Welt. Im Nachhinein betrachtet war es eine verzauberte Zeit, aber mitten darin kämpfte ich mit mir härter denn je: Warum konnte ich nach 8 Uhr nicht mehr schreiben? War der Text gut genug? Dazu das mulmige Gefühl von ungefähr, dass dieses Leben so nicht lange weitergehen könnte.

Aber mein Engel gab mir Träume. Beinahe jede Nacht richtete er mich auf und sprach mir Mut zu. Einmal saß ich im Traum in einem bayerischen

Versammlungsraum, wo Edmund Stoiber vor seinen Landsleuten eine Rede hielt. In Bayern wird er geliebt. Die Botschaft war eindeutig: Umgib dich mit Menschen, bei denen du aufblühst. Warum sollte mein Leben nicht traumhaft bleiben?

Die Psychologie spricht hier von der "Angst vor dem Neid der Götter", wenn einer sich vage fürchtet, es ginge ihm wohl zu gut. Aber es ist unser Recht, glücklich zu sein. Wir sollen unsere Bestimmung erfüllen, nur das verschafft uns tiefe Befriedigung. Es ist ein bescheidenes Glück. Bescheiden nicht deshalb, weil es gering ist, sondern weil es so wenig braucht. Wenn der Mensch endlich das geben kann, was in ihm herangereift ist, ist er erfüllt. Und das wird ihm keiner neiden.

Es ist tatsächlich möglich, Gott zu sehen. Das geschilderte Erlebnis war nur der Beginn. Mein Schutzengel wies mit seiner Fünf-/Dreijahresprognose darauf hin, dass es Jahre dauern wird, um das Erlebnis vollständig zu verkraften. Was wir erleben, ist die Spitze des Eisbergs; viel mehr geschieht danach unbewusst.

Deswegen ist das Leben manchmal bitter, ohne dass wir den Finger auf die Ursache legen könnten. Aber wenn Sie einer der Gesegneten sind, und davon sollten Sie ausgehen, dann verfolgt es einen Zweck. Es führt sie durch alle Bewusstseinszustände, die es nur gibt, damit Sie reifen, verstehen und erkennen. Sie werden wissen, wer Sie sind, wer die anderen sind, woran die Menschen kranken, und was sie benötigen. Sie werden die Möglichkeit haben, einfach so Linderung zu geben, nur indem Sie sind, was Sie schon immer tief im Inneren waren. Und Sie werden Gott berühren - und Gott sein. Denn zwischen der Seele und Gott ist kein Unterschied. Sie sind Es. Du bist Gott.

Tief in deinem Herzen weißt du, dass dein Weg nicht umsonst ist. Eines Tages sagte ich zu meinem Engel: "So viel für so wenig", und ich meinte den großen Segen, den ich schon allein durch die Heilkraft in meinen Händen geschenkt bekommen hatte. "So wenig" bezog sich auf die schweren Zeiten, die ich dafür durchschritten hatte. "Du hättest dich fast umgebracht vor Schmerzen", erwiderte mein Engel. "Trotzdem", sagte ich, "ich habe so viel erhalten. Und es hat mich so wenig gekostet."

Zone Grau

Ich habe ihm gesagt,
ich zahle jeden Preis,
und er hat ja gesagt
- und ihn eingefordert.

Was soll ich dir sagen, sagt er -
hier gibt es nichts zu sehen.
Bleib trotzdem am Leben
in Zone Grau.

"Wie lange noch", frage ich ihn,
und er zuckt die Achseln.
"Hab keine Furcht",
sagt er stattdessen.

"Die Liebe kannst du nicht finden
als stünde sie irgendwo im Weg.
Du musst sie eratmen.
Ich sag dir nicht wie.

Die Liebe ergreift dich,
du bist ihr Spielball.
Du suchst sie? Sie ist hier in dir.

Ist was dich verbrennt,

dich rastlos treibt,
ist deine heißen Tränen,
ist deine Verzweiflung.

'Zu wenig Liebe', sagst du.
Ich sage: Zu viel,
du kannst dich kaum retten,
zerbrichst,
zerfällst,
doch rufst nach mehr.

Die Liebe ist deine Droge.
Sie hat kein Gewicht,
so spürst du sie
nicht in den Taschen,
jedoch im Gehirn.

Sie macht dich verzweifelt,
verrückt,
bis du endlich
ihr ein würdiges Zuhause bist."

Ich schaue ihn an
und weine
wie ich
seit Jahrtausenden weine -
nicht nach Gott,
sondern vor.
Nicht nach Liebe,
sondern vor.

Über den Autor

Jörg A. Zimmermann arbeitet als Autor, Astrologe und Münzhändler in Seligenstadt/Hessen. Er gibt Einführungskurse in Astrologie, Meditation und zur Begegnung mit dem Schutzengel sowie Beratungsstunden in psychologischer Astrologie und psychologischem Tarot.

Kontakt:
Jörg A. Zimmermann
Hörsteiner Weg 13
63500 Seligenstadt
Tel. 06182-826 433
www.seelenlandschafts-tarot.de

128 Seiten, broschiert
€ [D] 5,95 / sFr 11,30
ISBN 978-3-89845-049-2

Elizabeth Clare Prophet

Mit Engeln arbeiten

Dieses Buch bringt einem bei, wie man mit Engeln Freundschaft schließt, sodass diese bereit sind, ihre Hilfe uns zukommen zu lassen. Denn wir haben sie um ihre Hilfe zu bitten. Erst dann dürfen sie uns helfend zur Seite stehen. Hier werden die praktischen Schritte in einem Zehn-Punkte-Programm aufgezeigt, wie man sich mit ihnen in Verbindung setzt, sich weiterhin ihrer Hilfe vergewissert und in Zusammenarbeit mit ihnen viel Gutes für sich und andere bewirkt. Dieses Büchlein ist nicht nur ein Ratgeber, sondern vor allem eine praktische Anleitung, seinem Leben mit Hilfe der Engel eine höhere Qualität zu geben.

216 Seiten, broschiert
€ [D] 12,90 / sFr 23,80
ISBN 978-3-89845-121-5

Marie-Pascale Rémy

Erfahrungen mit Engeln

Was ist ein Engel? Er ist eine Manifestation Gottes. Er ist aber auch ein Teil von uns selbst – in einer anderen Form. Über Engel zu sprechen, das ist gleichbedeutend damit, über Gott zu sprechen sowie eine meist vernachlässigte und versteckte Zone von sich selbst zu erfahren. Der Engel ist derjenige, der die Begabungen und verborgenen Talente in jedem von uns wecken kann – immer das Beste erwartend.

Wie kann man nun Erfahrungen mit Engeln machen? Dieser praktische Ratgeber bietet zahlreiche Übungen, die eine einfühlsame Annäherung an die tägliche Präsenz des Engels in unserem Leben möglich machen.

160 Seiten, broschiert
€ [D] 12,90 / sFr 23,80
ISBN 978-3-89845-105-5

Leopold Zillinger

Schutzengel im Einsatz

Der Himmel erfährt aus einer erschreckenden Statistik, dass es kaum noch Menschen gibt, die an die Existenz ihres Schutzengels glauben. Was tun? Nun, kurzerhand schickt er seinen erfahrensten Streetworker-Engel zu uns, um uns auf recht unkonventionelle Weise an das "himmlische Geflügel" zu erinnern …
Das Ziel dieses Buches ist es, Menschen auf unbeschwerte Weise einen Zugang zu ihrem Schutzengel zu ermöglichen. Gleichzeitig will es aber auch die grundsätzlichen Mechanismen des Lebens vermitteln, um den Weg des Herzens gehen zu können...

192 Seiten, gebunden
€ [D] 14,90 / sFr 27,30
ISBN 978-3-89845-083-6

Peter Kummer

Die Schutzengel AG

Partner ohne Risiko

Im Frühjahr 2001 erlebt Erfolgsautor Peter Kummer während einer Behandlung bei einem Heiler seinen ersten bewussten Kontakt mit einem Engel. Er lernt von ihm, sich führen zu lassen und mit ihm zu kommunizieren. Knapp drei Jahre später wird er mit einer medial begabten Frau zusammengeführt, die ihn mit seinem persönlichen Schutzengel namens Zacharias bekannt macht und ein Gespräch ermöglicht. In dem Dialog geht es um Fragen wie:
Wie sehen Engel aus? Hat jeder Mensch einen Engel? Was passiert mit uns nach dem Tode? Warum gibt es Aids, Krebs oder Kriege? u.v.a.m.

49 vierfarbige Herzkarten
€ [D] 13,20 / sFr 25,60
ISBN 978-3-89845-184-0

AEONA®

Herzensliebe

45 Botschaften von Herz zu Herz

Die stärkste Kraft im Universum ist die Herzensliebe - und AEONAS® Herzkarten möchten an diese ursprüngliche Schöpfungsenergie erinnern. Die lichtvollen Bilder mit den liebevollen Texten öffnen und berühren die Herzen und erwecken den Wunsch, die Herzensliebe zu leben, um den Sinn und das Ziel der Menschheit zu erfüllen.

156 Seiten, gebunden, plus 49 vierfarbige Symbolkarten in Box
€ [D] 29,00 / sFr 49,60
ISBN 978-3-89845-007-2

Ingrid Auer

Heilende Engelsymbole

49 Schlüssel zur Engelwelt

Einfühlsam und leicht verständlich ermöglichen die Engelkarten und das sehr ansprechend gestaltete Begleitbuch einen natürlichen, unbefangenen Zugang zur Engelwelt.
Alle, die Rat und Trost brauchen oder körperliche Beschwerden haben, können sich mit diesem Set die bezaubernde Engelwelt erschließen und deren Unterstützung nutzen. Die Engelsymbole verhelfen dazu, Blockaden im seelischen und körperlichen Bereich zu lösen und die Chakren sowie Wasser, Nahrungsmittel und vieles mehr zu energetisieren.